厳しい作業現場の中で培った人と人のつながり

重久吉弘の「エンジニアリング一筋に」

村田博文・著

プロローグ

天職――。自分の一生をかけて打ち込める仕事という言葉だが、重久吉弘氏の人生を見た時に、この言葉がすぐ筆者に浮かんでくる。

英語にもCalling（天職）という言葉がある。国境を超えて、天が与えた仕事という意味で尊敬の念をもって使われる。エンジニアリングという仕事を重久氏は、まさに天職として打ち込んできた。

エンジニアリングとは何か――。その国のために役立つ事業やプロジェクトを構想したり、人々の暮らしを良くする仕組みづくりを考えていく。そのために、事業全体を設計し、必要な設備を調達したり、プラントを建設するといった一連の仕事を遂行していく。

重久氏によると「相手国のお役に立てる施設、プラント類を多国籍にわたる多くの人や、企業を使って仕事をまとめ上げる。しかも、それを十全に完成させる」ということになる。

「相手のために、という思いで仕事をする」とは、重久氏の仕事に対する基本的姿勢。エンジニアリングの現場は、産油国やガスを産出する自然環境の厳しいところが多い。炎熱・炎暑のところであったり、逆に極寒の地、あるいは水のない砂漠といったところが少なくない。厳しい自然環境の下で、一定の期間以内で、また一定の予算内でという制約下、業務を遂行していくのは実になまやさしいことではない。

しかも、基本は「人」である。文化、言語、慣習、そして宗教の違う人達が1カ所に集まって、力を合わせ、仕事を完成させていく。このことが人と人のつながりを深め、世界中に富をもたらすという信念で、重久氏は文字通りエンジニアリング人生に打ち込み実行してきた。

エンジニアリングの仕事は、石油、石油化学、液化天然ガス（LNG）などのプラント建設のみならず、原子力、医薬品、医療施設など幅広い事業領域に広がり、近年は発電・新エネルギー関係、都市開発、水関連などインフラ関係の事業にもかかわっている。

エンジニアリング業界では、よく「EPC」という言葉が使われる。「E」はEngineering（設計）、「P」はProcurement（調達）、「C」はConstruction（建設）という内容。設計、調達、そして建設をトータルに管理し、仕事をまとめあげていくということで、人の社会に新しい付加価値を生み出していく。

「Engineering the Future」（未来を設計する）という言葉がある。重久氏の好きな言葉だ。今現在を必死に生きながら、未来や将来につながる事業を設計していくことはワクワクする仕事である。仕事に携わっている間は厳しくてつらい目に何度も遭う。だからこそ、その人達の力量が問われる試練の場なのだが、仕事が完成した暁の喜びは何物にも代えがたい。

重久氏は、そうしたエンジニアリングの仕事に50年以上携わってきた。各国や核地域での経験から、『利己主義でなく、利他主義で！』という言葉を自分のモットーにしている。利他主義。文字通り、他の人のため、あるいはその国のために働くという生き方。それを敷衍（ふえん）して、重久氏は世界中の若者に、Give, give, give and take（与えよ、与えよ、与えよ、そうするとこちらも生かされる）と呼びかける。

通常ならGive and takeである。これだと、こちらが〝与える〟のだから、それに見合うものを〝もらう〟という功利的なものになる。そこで、重久氏はGiveが一つでは足りないとばかりに、3回繰り返す。

人は何のために生き、なぜ、働くのかということを問い続け、世のため、人のために生き、働くのだという考え方。こうした精神が重久氏の交友の輪を広げる元になっていった。

人生にはリスクが付き物である。リスクを考慮しながら、その場面、その場面で自らの人生を選択していく。宇宙の摂理の中で、また自然条件が大きく変化する中で生き抜かねばならない。だとすれば、今現在を一所懸命に生きることが大事と重久氏は考える。不確実性があり、先行きの見通しが立たないのが世の現実。

しかしながら、自然条件は変えられないまでも、自分達の持てる力を振り絞って、未来を築こうとすることは非常に尊い営みになる。そうした人生観、世界観を踏まえた上で重久氏は「Engineering the Future」を自分のモットーに掲げる。この「Engineering the Future」は、古くはローマ帝国に淵源を求めることができるし、19世紀、世界をリードした大英帝国の都市建設の思想の根幹をなすものでもある。

ロンドン中心部のハイドパーク内にアルバート・メモリアルという記念碑がある。大英帝国全盛時代を生きたヴィクトリア女王が、夫のアルバート殿下の死を悼み、築いた記念碑。その碑は4つの支柱で支えられている。その支柱には大英帝国を支えた「農業」、「製造業」、「商業」と「エンジニアリング」がそれぞれ刻まれている。

英国は世界各地に進出し、支配した地域で道路や上下水道、港湾などのインフラを築いた。そして産業を興し、その地の経済を振興させ、人々の暮らしをよくする統治を実践、進めていった。今日、英国が成熟した先進国であり続けるのも、こうしたエンジニアリングの力に依るものが大きい。

エンジニアリングはいわば、人類の知恵から生まれた営み。「生まれ変わっても、このエンジニアリング業界に身を捧げたい」と重久氏は語る。まさにエンジニアリング事業は重久氏の天職である。

人と人をつなぎ、国と国をつなぐ。このことが今日の世界にいかに大事なことかという認識で、エンジニアリングに惚れ込んだ重久氏の足跡を追ってみたいというのが本書を執筆した動機である。

なお、本文中の敬称は略させていただいた。

村田博文

2018年5月　新緑の季節に

目次

第1章

生まれ変わってもこの仕事をエンジニアリングを！

エンジニアリング人生一筋に！
「生まれ変わっても、この仕事を」

「生まれ変わっても、このエンジニアリング業界に身を捧げたいという思いでおります」

わが国でエンジニアリング最大手、日揮（英語標記はＪＧＣ）『中興の祖』といわれた重久吉弘が２０１６年12月末、同社名誉顧問を退任するとき、関係者に配ったときの挨拶状に、この一文が書かれていた。エンジニアリング事業の草創期から仕事にたずさわり、そして成長・発展を成し遂げ、海外の石油・天然ガス採掘のプラント設計から、機器調達、建設までのいわゆるエンジニアリング業務に、一所懸命打ちこんだ重久の心情がこの一文に示されている。

重久が日揮に入社した１９６１年（昭和36年）は敗戦から16年が経ち高度成長で日本が経済を拡大発展させていく軌道に乗り始めた頃。入社時の社員数は約５００人。重久氏の社員番号は５７９番で、同社は中小企業から中堅企業の域に達しようというときだった。事業も国内に限られていた。

それから50年余が経った今、同社は海外にネットワークを拡げ、拠点も全世界に広がり、海外を含めて数十社のグループ会社を持ち、約１万人の社員を擁するグローバルエンジニアリング会社に発展。

この間、重久自身、さまざまな課題や問題に直面し、その都度、真正面から取り組み、一つひとつ課題や問題を克服してきた。

重久の生き方は、一言でいうと、現場主義。常に現場に立ち、現場にいる同僚、取引先などの関係者と知恵を出し合い、汗を流し合って課題を解決してきた。

現場の中にこそ、課題や問題解決の解答があるという考え方というか、それは信念に近いものがある。

炎熱の中東。見わたす限り何もない砂漠の中でプラントを建設し、それを管理していく。そうした環境の厳しい場所での作業である。プラント類は、世界中の機器メーカーから調達し、それを現地にまで運び、そして多国籍の関係者と協議しながら、これまた多くの国々から参加する作業者と建設していく。

重久によると、「相手国のお役に立てる施設を、多国籍の多くの人や企業を使って、仕事をまとめあげ、十全に完成させていく」ということ。これがエンジニアリングの真髄ということになる。

まとめあげる――エンジニアリング会社は多国籍の人や企業を使って、仕事の配分や建設のスケジュールを決めていく。プロジェクトを創り出し、仕事の進め方・段取りを決めるという意味では、プロデューサーであり、作業のコーディネーターでもある。また、いろいろな会社に呼びかけ、仕事に参加してもらい、それをまとめ上げるということでは、インテグレーターでもある。

エンジニアリングには長い歴史がある。

ローマ時代の重要な生活インフラで今はローマ遺跡の中で見ることができ

るアーチ型の橋ゲタを持つ水道橋。数十キロに及ぶ設備をつくりあげ、都市に水を運び、人々の生活に役立てるのはエンジニアリングそのものだ。

また、19世紀の大英帝国全盛時代を築いたヴィクトリア女王。19世紀から20世紀初頭まで、PAX BRITANICA（パックスブリタニカ、英国主導の世界秩序）と呼ばれる時代の基礎を築いた。その女王が、夫のアルバート殿下の死を悼んで、ロンドン中心部のハイドパークにアルバート・メモリアルという記念碑を作った。

記念碑は4つの支柱で支えられている。その一つずつに、大英帝国を支えたものが刻まれている。『農業』、『商業』、『製造業』、そして『エンジニアリング』の4つである。

英国は古くから海外に進出し、その支配した地域で港湾、道路、上下水道などのインフラ整備に力を入れ、産業を振興させ、その地域を統治。その統治の原動力がまさしくエンジニアリングであったという歴史。

エンジニアリング事業は、世界のため、人のためになるもので、人々の未来をデザイン、設計していくのだということ。

文字通り、半世紀余りを我が国のエンジニアリング業界の成長と共に歩み、その一翼を担って、海外を飛び回る人生であった。「生まれ変わっても、このエンジニアリング業界に身を捧げたいという思い」という一節に、重久の思いが現れている。

1933年（昭和8年）11月18日生まれの重久が日揮（当時の社名は日本揮発油）に入社したのは1961年1月のこと。重久は語学（英語）ができるということで採用され、同社で初の海外事業となる香港での事業（LPG=液化石油のプラント建設）を手がけた。重久は香港を皮切りに韓国での市場開拓を命ぜられ、海外での仕事に多くたずさわるようになっていった。

60年代は日本が高度成長の波に乗って、経済発展していった時期。日揮も、南米での製油所建設を受注、大いにその名を世界に広めていった。今では、『南米3ジョブ』と語り草になっている南米3つの案件、ペルーのラ・パンピーヤ製油所建設、アルゼンチンのラ・プラタ製油所近代化、ベネズエラのモロン製油所拡張である。この1960年代は、日揮が国際的なエンジニアリング会社になっていく基礎固めを行なった時期。日本全体にとっても、『神武景気』、『岩戸景気』に続いて、57か月と5年近い好景気に沸いた『いざなぎ景気』(1965年11月から70年7月まで)が出現し、68年に当時の西ドイツを抜いて、自由世界第2位の経済大国の地位を築いた時期。

先の大戦で敗戦国となった日本だが、経済面で力を付け、64年秋には東京五輪を開催、成功させるなど日本国民も自信を取り戻しつつあった。日本の経済力は世界で存在感を高めていったのだが、日揮をはじめ日本のエンジニアリング産業もグローバル市場で存在感を高めていった。

日揮はインドネシア、サウジアラビア、アルジェリア、豪州とその後、世界各地で石油精製やLNG(液化天然ガス)などのプラント建設を手がけてきた。そのプラントを建設する場所は炎熱の場所とか海上など自然条件の厳しい所が少なくない。重久は、そのような苛酷な現場を仕事場にして、世界中を飛び回り、経営者になってからも常に現場を大事にしてきた。

そうした現場を支えるのは「人」。グローバルな世界で進められるエンジニアリングの現場は多国籍の人々が集まり、協力し合いながら、また議論を戦わせながら仕事を進めていく。人と人のつながり、連携と協調なくしてエンジニアリングの仕事は成り立たない。

『企業経営は人なり』とよく言われる。企業を動かし、企業を支えるのは人であり、人が主役である。仕事には困難がつきまとうことがある。そのような時に、人が潜在力を発揮して、難問やトラブルを克服して目標を達成していくときこそ充実感を味わえるときはない。

逆に、組織やプロジェクトチーム内に不和が生じ、力を合わせられないようなことも起こり得る。潜在力発揮どころか、本来出せるはずの実力を出し切れずに仕事がうまくいかないということもある。

その意味で、『企業経営は人なり』という言葉の持つ意味が重くひびいてくる。エンジニアリングという職種はきわめて人間くさい、人間っぽい仕事である。

筆者は、そういう観点から、重久を訪ね、エンジニアリングを一生の仕事に選んだ動機、見知らぬ国や地域でどう人と人のつながりを開拓していったのかを聞き、また、これからのエンジニアリングの方向性などを取材してきた。

エンジニアリングの本質とは何か？

エンジニアリングの領域は石油、天然ガスといった資源開発や化学、発電プラントから都市建設、医療・介護や環境関連、さらには野菜工場など食や農業関連にまで広がる。特に資源関連などは地政学リスクもあり、国際情勢の影響も受けるため、プロジェクト管理は難しい。

そういう中で問われるのは『構想力』であり、先方への『提案力』である。

重久は、社長、会長を都合23年間務めた後、２００９年グループ代表に就任、２０１６年６月名誉顧問となり、エンジニアリング業界を代表する顔として、世界を飛び回りながら、エンジニアリングの重要性を説いて回っていた。この頃、筆者はよく、横浜・みなとみらい地区にある日揮本社を訪ね、取材を重ねていった。

世界の人たちと交流を進めて半世紀余り、今、社内外にどんな言葉を投げかけていますか？　という筆者の質問に、重久は次のように答えた。

「わたしが会社のみんなに言い続けている言葉は当社は『Program Management Contractor & Investment Partner』だということです。これはアメリカ人から教わった言葉です。ある時、わたしが事業に対する考えを話していたら、『重久さん、それはProgram Managementというんだよ、と言われましてね。日本語でいうと、構想力ですね』

『構想力』がエンジニアリングの仕事には大事だということ。そのProgram Managementに加えて、Contractor & Investment Partnerを付けると、相手（お客）の抱える課題や悩みを解決していくために構想力を発揮してプロジェクトを提案したり投資するパートナーであり、契約者だということである。

「ロシアや中国、サウジアラビアなど世界の国々が、こんなことを望んでいる、こういうことに苦しんでいる、それならばこうした構想で国を変えていったら如何ですかと。日揮はそうした課題の解決に向けてお手伝いできます。プラントの建設でも、事業投資でも、どんな形でも貢献できますよ、という提案をしていくということです」

筆者は、主幹を務める総合ビジネス誌『財界』の『2016年12月6日号』で重久にインタビューをした。当時名誉顧問だった重久は、資源開発案件を中心にエンジニアリング業務に半世紀以上取り組んできた重久に、グローバル社会の中での日本の立ち位置、日本企業の生き方をテーマにしたインタビューした記事である。

このときも、重久はProgram Management、つまり構想力が大事と語り、その構想力を支える心は『利他の心』だと強調した。

そのインタビュー記事の見出しは、『人生でも事業でも大事なのは『利他の心』。相手のためになる提案を』である。相手の国の課題を考えて、自分たちの構想を提案していく。相手のためになる提案ができるかどうかをいろいろな角度や視点から考え、吟味していくことが大事だという話だった。『利他の心』は古来、日本に根づいた考え方。『自利利他』という言葉に表わされるように、相手や社会のためになることを心がけていけば、自らをも生かしてもらえるという考え方であり思想。

つまりは、相手と共存共栄していこうという考え方につながる。重久は人種も宗教、言語、習俗の違う世界各地で多くのプロジェクトにたずさわりながら、時に意見の対立、仕事の中断などいろいろなことも体験してきた。しかし、それらの課題を一つひとつ克服し、解決策を見出してきた。そうしたことを半世紀以上体験してきたことを踏まえ、『利他の心』が大事と語る。

今日、日揮が国内エンジニアリング首位で、世界でも有力な地位を構築してきている根底には、こうした世界と共存共栄を図る基本思想がある。2016年末、名誉顧問を辞し、仕事から離れる際の挨拶状に、「生まれ変わっても、このエンジニアリング業界に身を捧げたいという思いでおります」という文言に、重久が文字通り心命を賭してこの仕事に打ちこんできた想いが十二分にうかがえるのである。

利他主義はグローバルに通用する!

重久は『私のモットー』として、次の4つを挙げる。

『利己主義ではなく、利他主義!』、『Give, give, give and take!』、『Engineering the Future!』、そして『一所懸命』である。

自分の利益や都合を優先させるのではなく、まず相手の立場に立って提案し、行動していくことが大事という『利他主義』は既に述べたとおりである。その『利他主義』の考えと相い通じるのが『Give, give, give and take』である。ふつうはGive and takeという慣用句が使われる。まず相手に与える(give)と、こちらもそれ相応の見返りを受け取る(take)ことができるという意味の言葉だ。

それを、重久はgiveを3回やることで、ようやく1つのtakeになるとして、giveの精神が大事だと考える。

Engineering the Future! これは、自分たちの将来を文字通り、エンジニアリング、つまり設計、デザインしていこうということ。生きがいのある未来社会づくりへ、エンジニアリングの力を発揮していこうという意味も、この呼びかけには含まれる。

そして、『一所懸命』である。重久の1961年（昭和36年）に入社して2016年（平成28年）末名誉顧問を退くまでの55年間に及ぶエンジニアリング人生。石油や天然ガス採掘のプラント建設現場で、文字通り一所懸命に働くという人生。

「一生懸命ではなくて、一所懸命。社員に語りかけるとき、日揮という企業に対して懸命に働いていこうよという言ってきた。よく、一生懸命と書かれたりもします。当社の関係者からも、『漢字を間違えておられるんでしょうか』という問い合わせも受けました。確かに、一所懸命という書き方もある。わたしが言いたかったのは、日揮という会社、あるいは日揮以外の場合、その人が所属したり、関係している組織の一つ所で、それこそ一所懸命になろうよということです」

人も、そして企業も一所懸命になって働き、一所懸命に生きるからこそ、成長していくのだという重久の勤労観であり、人生観なのである。

第2章

世界は混沌、今こそ「日本の役割」発揮のとき！

日本は、世界の国々から好かれている混沌とした世界の中での『日本の役割』は？

「世界中が、何か内向きになってきた感じがします。世界の空気が変わりつつあるのが少し気懸りですね」

平成の世になって30年目。２０１８年3月中旬、東京・月島の勝鬨《かちどき》橋近くにある高層マンションに住む重久吉弘を訪ねると、こんな言葉が返ってきた。

年が明ければ、5月1日には今上天皇がご退位され、皇太子殿下が新しい天皇として即位される。新しい元号も制定され、新しい世がスタートする。新しい時代を迎えるということだが、気懸りなのは世界が混沌として、先行きも不透明だということ。

「米国の大統領の立ち居振る舞いも変わってきました。歴代の大統領と比べてね。一番変わってきたのは何か？　それは内向きになっているということ。トランプ大統領はアメリカ・ファースト（米国第一主義）を掲げる。アメリカはアメリカ人によって良くなっていけばいいのだと。アメリカはアメリカ人のための、アメリカの会社でやっていくんだということです」

米国が米国第一主義に徹していくというのなら、他の国々はどう対応していくか。

「ええ、中国もそれならばと中国風のやり方で反応するだろうし、ロシアもアメリカがそうならばと連鎖反応を起こしていく。世界中が何というか、固まっていくのじゃないかと思いますね」

世界中が内向きになりつつあることが気懸りだと重久は自分の今の心情を吐露した。

２０１８年3月中旬、春の息吹きも感じられ、桜の蕾《つぼみ》も大きく膨らみかけている頃だったが、折しも気圧の乱れで寒気が押し寄せ、日本海沿岸や北海道では大雪に見舞われた。荒れ模様の天候が続くという3月であった。

1年余前の17年1月、ドナルド・J・トランプ氏が米国の第45代大統領に就任、その政策は世界中に波紋を投げかけている。

トランプ政権の政策の基本は米国第一主義。それまでの米国は世界第1位の経済大国であり、自由、民主主義、法の支配という価値観の形成から自由主義経済、国際協調という世界秩序づくりまでで主導権を発揮してきていた。

しかし、米国も国内で製造業の衰退から来る地方都市の疲弊、若者の失業、富の偏在などで国内も分断されてきている。保守派・リベラル派という従来の価値観ではおさめ切れず、リーダーも統治能力を失いかけ、自信喪失の状況。そうした現状への不満が増大する一方の移民に振り向けられ、メキシコとの国境に壁を作ろう、というトランプ氏の主張が始まった。現状への不満、怒りが外へ向けられるという米国政治の現状。

第2次世界大戦が終わった1945年夏。以来、米国は自由主義世界の盟主として、IMF（国際通貨基金）や世界銀行設立に向けて主導権を発揮。日本やドイツなど敗戦国の復興を手助けし、また日本やドイツもその勤勉性と潜在能力を発揮し、復興を短時日で成し遂げ、米国に次ぐ経済大国へと成長し発展してきた。

戦後長らく、世界は自由主義（資本主義）陣営と社会主義陣営に分かれ、いわゆる冷戦状態が続いてきた。自由主義陣営の西側のリーダーは米国、社会主義陣営、つまり東側のリーダーは旧ソビエト連邦共和国（ソ連）であった。冷戦とは、核兵器の脅威が登場し、従来型の戦争による問題解決という手段が取りにくくなったものの、世界の対立が根深く続く状態を差す言葉。

１９８９年、日本でいえば平成元年の末、この冷戦は崩壊した。社会主義陣営は経済政策で失敗、ソ連邦も崩壊してしまった。ソ連邦はロシアと他の国々が独立する形で分散した。１９１７年ロシアで社会主義革命が起きてから70年で社会主義の夢はついえたのである。

旧西側の各国は社会主義の管理経済から、市場主義経済へと一斉になだれ込んできた。中国も当時の最高実力者、鄧小平が１９７８年に、改革開放路線を打ち出し、さらに92年に『南巡講和』で一層の外資導入を図り、市場経済を推進していくと宣言。この路線転換は、中国を〝世界の工場〟に押し上げ、米国をはじめ世界各地を相手にした輸出基地として中国を成長・発展させた。２０１０年、中国はＧＤＰ（国内総生産）で日本を抜き、米国に次いで世界2位の経済大国になった。

世界の変化は実に目まぐるしい。冷戦崩壊の頃、米国は冷戦の勝利者という立場にあった。それから30年近くが経つが、米国自身の国力も衰退し、国内で価値観が分断され、『分断と対立』状況をどう克服するかが政治の最重要テーマになっているという現実。

米国が主導して作りあげてきた国際秩序を今のトランプ政権が取り壊そうとしているのは、米国が余裕を失っていることでもある。

米国第一主義の影響は大きい。前オバマ政権が熱心に取り組んできたＴＰＰ（環太平洋パートナーシップ協定、太平洋経済連携協定とも言う）を破棄し、米国と隣国のカナダ、メキシコ３国で結ぶＮＡＦＴＡ（北米自由貿易協定）の見直しにも入るなど、世界の政治・経済の先行きにも不透明感が増しつつある。

そして大統領就任から1年余が経った18年3月、貿易戦争になりかねない政策が飛び出してきた。トランプ政権は鉄鋼とアルミニウムの輸入制限を発動。鉄鋼に25％、アルミに10％という高い関税をかけるという輸入制限策に出た。また、貿易赤字の最大国・中国を相手に、中国製品への追加関税を命じる文書にも署名。「貿易相手国に圧力をかける切り札」とされる米通商法・301条に基づく制裁措置で、対中国貿易赤字の縮小がねらいだ。

こうした米国の措置に、中国側も黙っていない。中国政府も早速、対抗措置を取るべく、「あらゆる選択肢を排除しない」と声明を出し、米国産の豚肉やワインになど128品目に最大25％の関税を上乗せする報復案を発表。中国は米国債の最大購入国。その米国債購入の減額を検討し始めるなど、コトは貿易戦争への発展にとどまらず、金融市場にも影響を与えそうな空気が漂い始めた。

重久が日揮グループ代表を務めている間には、ロシアによるクリミア併合

（２０１４）で米国・ＥＵ（欧州連合）とロシアの対立が生まれ、今日に至っている。中東ではシリア内戦が泥沼化し、アサド政権と反政府陣営との戦闘が続く。アサド政権を支持するロシア、同政権を認めない米国とここでも米ロ対立が生まれていた。

さらに、米国は駐イスラエルの米国大使館を、首都として認定したエルサレムに移した。テルアビブからの移転。イスラエル建国70年の記念日に当たる18年５月14日にトランプ政権が実行した。

これに対し、パレスチナが反発。パレスチナ自治区のガザで、移転に抗議するデモ隊とイスラエル軍が衝突。パレスチナ人50人以上が死亡するという事件に発展。世界の随所不穏な状況が生まれつつある。

東アジアでは核兵器・ミサイル開発を急ぐ北朝鮮問題があり、米朝の両首脳会談が模索されるなどの動きがあるが、先行きどうなるのか余断を許さない状況が続く。

こうした世界の状況変化に、重久も先述のように、「世界が変わってきているのが気懸りですね」という感想を寄せる。

日本の立ち位置は?

こういう世界が混沌とした状況にある中で、日本の立ち位置はどうなるのか?

世界は常に変化し続ける。その環境変化の中で人も企業も生き抜いていかねばならない。もっと言えば、変化に対応した者こそ生き抜くということでもある。1961年に日揮に入社して以来、時代が変化する中、新しい市場を開拓し、新しい事業領域を切りひらいてきた重久に、そうした変化対応への心構えと経営者としての覚悟、使命感を聞こうと、筆者は重久が日揮グループ代表時代に、日揮本社に訪ね、インタビューした。

横浜・みなとみらい地区にあり、横浜港を臨む日揮本社36階にあるグループ代表室で、重久はていねいに時折り、ユーモアを交じえながら、質問に答えてくれた。

それは、日本国内の政治と経済の関係がギクシャクし、対外的には円高が進行した時期。東日本大震災（11年3月）の後で電力料金も高騰し、円高、高い電力費に加えて、高い法人税、環境と労働面での規制、そして自由貿易協定作りの遅れをとらえて、〝日本の六重苦〟が言われていた頃のこと。その後、第2次安倍晋三政権が12年末登場し13年春から日本再生を謳ってのアベノミクスがスタートするのだが、インタビューは安倍政権が再登場する数か月前のことであった。

第1次安倍政権が総辞職し、その後、自由民主党の福田康夫、麻生太郎首相と続くが1年ずつで交代。その後に登場した民主党政権も鳩山由紀夫、菅直人、そして野田佳彦と3人の首相が続くがほぼ1年ずつで交代。5人の首相が1年しか任期を務められず、くるくると交代した。

日本のカジ取り役がこれでは十二分に役職を務められない。海外の要人、リーダーと面談するたびに、重久は何度も、『ミスター重久、日本は大丈夫かい』という質問を受けていた。

日本の技術力と仕事に取り組むスタッフの勤勉性、さらにいえば資金力も活用して、世界各地でエンジニアリング事業に取り組んできた重久にとって、こうした質問を受けて相当に歯がゆい思い。

「わたしはビジネストーキングをするつもりで行くのだけれども、何となく昔と態度が違うとSHIGEHISA,are you OK?という言葉の中には、『大丈夫か、日本は?』というニュアンスが込められていて」と重久も随分と悔しい思いをさせられた。

筆者が、総合ビジネス誌『財界』（12年3月6日号）でインタビューした際、重久は半世紀に及ぶ事業の歴史を振り返りながら、当時の世界が日本をどう見ていたかについて次のように語った。

「日本が経済的に強くなり存在感が高まった1980年代はジャパン・バッシング（Japan Bashing、日本叩き）、バブル経済がはじけた90年代以降はジャパン・パッシング（Japan Passing、日本素通り）、それがジャパン・ナッシング（Japan Nothing、日本無視）になった。今は何だろうと思い、自分で言っているんですが、ジャパン・フォゲッティング（Japan Forgetting）、つまり日本を忘れてしまうという状態」

本来、潜在能力があるのに、それを表に引っ張り出せない日本。何ともどかしい気持ちにさせられる状況が続いた。

これではいけない。もっと情報を発信し、提案力を高め、日本が蓄積してきた技術力、ソフトパワー、資本力を生かして世界経済の発展に貢献していくべきという思いに重久は駆られた。

さいわい、アベノミクスで金融緩和策が打たれて円高も是正され、法人税の引き下げなど経済再生のための政策が実施され、日本経済の活力も高まった。

日本の人口は約1億2670万人（17年12月現在）。ピーク時（08年）の1億2808万人から約140万人減り、2048年には1億人を割る見通し。人口減、高齢化・少子化の流れは長期間続く。そういう人口構造の変化の中で内需縮小をどう克服していくかという課題に直面している。

国富を生む産業界、そして個別企業も海外との共存共生なくして生きていけないという現実。ただ、それは人口減社会に突入したから、海外との共存共生を言うのではない。

大仰に言えば、明治維新（1868）で開国し、「西欧に追いつき、追い越せ」を掛け声に『殖産興業』、『富国強兵』の道を択り、国力を高めてきた日本。常に目を外に向けて、明治期も近代化に力を注いできた。

維新から77年経って、先の大戦で日本は敗れゼロからの再出発となった（1945＝昭和20年）。無資源国・日本はとりわけ製造業で力を発揮、鉄鉱石や石油など資源を海外から輸入し、海岸部に工場をつくり、輸出振興で外資を稼ぐというやり方で経済成長を遂げていった。

従がって、海外との共存なくして、このビジネスモデルは成り立たない。

重久のエンジニアリング人生は、日本の成長・発展の歴史と重なり合う。55年に及ぶエンジニアリング人生を振り返りながら、重久は自らの事業観を次のように語る。

「事業の根幹となるのは何か？　結局、人のためになる、相手の国のためになるということが、一番の基本だと思っています」

海外へ投資し、事業を展開する際の判断基準が、『人のため、相手の国のためになる』というものであり、そうやって進めた事業は結局、こちらの利益につながってくるという考え方。つまり、『利他主義』の考えである。

「わたしは、日本人には他国民にはない、柔らかい心、フレキシブルな心があると思っています。これは非常に大事なことで、どこの国の人もこれを必ず評価してくれます。日本人の柔軟性というか、柔らかさは世界ナンバーワンだと思います」

重久は日本の良さ、日本人の長所についてこう語り、次のように付け加える。

「ただ、柔軟というと、場合によっては要領がいいと捉えられがちなんですが、実は日本人は要領が悪いんですよ（笑）」

ユーモア精神が旺盛で、ズバリ相手の懐（ふところ）に飛び込んでいくタイプの重久だから、海外でも人の輪が広がる。人と人のつながりが深まれば、当然、ビジネスにもプラス作用が働いてくる。

世界的な金融危機であるリーマン・ショック（08年秋）以降、日本も円高など〝六重苦〟に悩まされた。東日本大震災も起きたその頃、日本の経済力も落ち、先述したように、ジャパン・フォゲッティング（Japan Forgetting）、つまり、世界が日本を忘れてしまったかのような期間があった。このJapan Forgettingという言葉は重久の造語だが、その頃の世界がどう日本を評価しているかを知るにはピタリの言葉といっていい。

この言葉も重久流の言い回しである。重久がこのJapan Forgettingを使うときは、日本よ、「自信を取り戻していこうよ」という激励の意味がこめられている。事実、重久は、この言葉を使うときは、「実は外国の人は日本人のことを忘れているわけではないんです」と付け加えるのを忘れなかった。

世界各国、各地域を歩き、いろいろな国の人たちと会い、対話するたびに、「日本人は好かれている」ことを実感する重久だ。

若い世代への助言、「スピーク・アップの精神で」

「スピーク・アップ（Speak up）の精神が大事」――。その国の人たちと知り合い、忌憚なく話を交わすことができるようにするには、“Speak up”（話しかける）することが大事と重久は言う。

豪州は仕事柄、数え切れないほど訪問し、滞在してきた国だが、一番最初、オーストラリアの人たちと仕事をするときにも積極的に話しかけた。「オーストラリアの人はどこの国の人が好きですか?」と聞くと、相手からは「日本人」という答えが返ってきた。そういう返事をするのは、今、自分と話をしているから好意的に、そう答えたのだろうと重久は考え、次に「日本人の他に好きなのはどこの国の人か?」と聞いた。すると、すかさず、「イギリス人」という先方の答え。

そういうやり取りをして、重久は、豪州は英連邦の一員であり、やはり「イギリス文化を大事にしている国なんだな」という認識を新たにしていくという次第。

そこで、少し茶目っ気を出して、Do you like America?（米国は好きか）と聞くと、相手の顔色は少し変わって、「ううん」と詰まりながらも、首をタテに振る仕草。そして、先方が付け加えたのが、Because they have money.という言葉。

「つまり、アメリカ資本は資源開発を進める豪州にとって大事だし、だから自分たちオーストラリア人はアメリカ人を好きにならなきゃいけないんだと言うんですな」

こうした対話を率直に、文字通り胸襟を開いてやってしまうのが重久流の対話法。機知とユーモアに富んだやり取りだから、たちまち相手も心を許して何でも話してくれる間柄になる。

もう一つ、同じオーストラリア人に、Do you like Chinese?（中国人は好きか）と聞くと、どうだったか。「相手の顔色が変わって、ううんと考え込んでしまった（笑）」。

今度はベトナム人にもWhat country do you like?（どこの国が好きか）と質問。反応はどうだったか。「彼らは、まず『日本』と答えます。その次はシンガポールです。オーストラリア人とはまた違う答えなんですね。それでDo you like Chinese?と聞くと、『仲がいいわけではない』と言うんです」

中国の存在感は国際政治、経済の領域で高まるばかり。中国と国境を接するベトナムも隣国として、引っ越すことのできない関係。その微妙な両国関係が端的に見て取れるベトナム人の答えである。

いずれにせよ、中国はGDPで米国に次ぐ世界2位の経済大国になった。1人当たりGDPで見れば、まだまだランクは低いが、13億人の民の総力という点ではいずれ、米国を抜いて世界1位の経済大国になると見られるほど力を付けてきた。

モノづくりというハード面だけではなく、特許出願数も米国に次いで2位に付けるなど知的財産のソフト領域でも力を蓄えてきている。

現代版シルクロード経済圏『一帯一路』はアジアと欧州をつなぐ一大構想

だが、中東、アフリカまで巻き込む大規模プロジェクト。要はそうした構想力を打ち出す中国がパワー（力）を付けてきたということである。

今は、中国流のやり方に完全同意できない声も少なくないが、中国の存在を抜きにして、世界の政治・経済そして軍事面での問題も語れなくなってきているのが現実。どういう基本スタンスで、今後、中国と接していくべきなのか？

「わたしは、中国人の良さが理解されるのに、20年はかかるのではないかと思っています」というのが重久の答えである。

いずれにせよ、21世紀も17年目に入り、混沌としてきた。米国はアメリカ・ファースト（米国第一主義）を掲げ、自国産業保護を大義名分に、中国などからの輸入品に高い関税をかける措置を発表。これには中国も対抗措置を取るとの意志を表明。貿易戦争に突入すれば、貿易は縮小し、世界経済はマイナス影響を受ける。

かつて1929年の世界大恐慌の引き金の一つになったのが互いに関税を

掛け合う貿易戦争であった。74年前の再来になるのか、世界の株式市場は今回の米中両国の相剋に懸念を示し、株価下落という動きになっている。

最悪のシナリオになる前に、米中はじめ、各国が冷静さを取り戻し、保護主義から国際協調へとカジを切り直せるかどうか、ここは大事な局面を迎えている。

こういう状況下で、期待されるのが日本の立ち位置である。重久が半世紀に及ぶエンジニアリング人生の中で、各国政府要人や産業界のリーダーと話し合ってきた後に感じるのは、日本への信頼と期待である。それは、「日本（人）は好かれています」という心情的なレベルにまで落としこめる対日信頼感であると重久は言う。

そうした対日信頼感を先人、先達は努力を重ねながらグローバルな世界でつくりあげてきた。これからのグローバル世界を生きる若い世代に対して、何かアドバイスはないかと重久に聞くと、ただちに、「Speak upの精神です」という答えが返ってきた。

第3章

利他主義を実践、相手の国の立場に立って構想を練る

イノベーションが大事、そして、「相手の国のためになる仕事」を提案

「何事も挑戦し続けてこそ」――。重久が日揮に入社した1961年（昭和36年）当時、世界のエンジニアリング業界には、米ベクテルや米ケロッグ（現KBR）など巨人がいた。日揮や千代田化工建設、東洋エンジニアリングなどの日本のエンジニアリング会社はこうした欧米の先達と比べると、後塵を拝してきており、戦後からの事業展開となった。

そうした後発の不利を背負いながら、これら欧米の先達企業と肩を並べ、あるいは得意分野ではそれを凌駕するまでに力を付けていったのも、関係者の建設現場での日々の努力と挑戦者魂があったからだ。

その挑戦者魂は事業領域の開拓でも発揮されてきた。通常、エンジニアリング会社の仕事というと、すぐ、資源・エネルギー関連の仕事を誰しもが思い浮かべる。石油、天然ガス田での生産設備を整え、石油精製、石油化学、

液化天然ガス（LNG）などのプラント類の設計を手がけ、世界中から必要な機器を調達し、そして建設するという仕事がそうだが、今や手がける領域は多岐にわたる。

医薬品工場や病院などの医療施設、発電所建設や原子力関係、さらには新エネルギー開発、都市開発など事業領域も実に幅広くなってきている。

重久は16年12月末、名誉顧問を辞し、半世紀以上に及ぶ日揮での生活に区切りをつけるとき、「イノベーション（Innovation）」という言葉をメッセージとしてグループ内に伝えた。

イノベーション。本来は技術革新という意味で使われる言葉だが、それは技術領域だけにとどまらず、経営のカジ取り、組織の運営、さらには人の生き方、働き方の改革にもつながるというふうに考えられるようになった。

エンジニアリングが世のため、人のためになる仕事であるとすれば、新事業領域の開拓を推進するエンジンとなるのがイノベーションである。

そうしたイノベーションの力を持って、相手の国のためになる事業、その国の人たち（国民）のためになるプロジェクトを提案していく。

重久は、自分たち日揮グループを、先述したように、『Program Management Contractor & Investment Partner』だと定義づけてきた。『Program Management』は『構想力』である。その国の国力、経済力を高める事業やプロジェクトを構想し、提案していく。そうやってプロジェクトを相手と契約し、手をたずさえて実行していくパートナーたれ、という重久の呼びかけである。

エンジニアリングの仕事は、きわめて人間っぽいものだし、人と人の交流から始まり、人と人のつながりで問題や課題を解決しながら、プロジェクトを遂行していく。プラントや施設の建設現場には多くの国から人が寄り集まってくる。国籍、言葉、宗教、信条、慣習の違いを乗り越えて互いに手を組み、協力し合って仕事に当たっていく。文字通り多様性（diversity、ダイバーシティ）の仕事場である。

当然、人と人の共存が大前提になる。半世紀以上にわたって、エンジニアリングの仕事にたずさわり、しかもその現場を地球規模で渡り歩いてきた重久にとって、人と人のつながりを大切にすることが身にしみついている。そうした努力はいろいろな場面で生かされることになる。

ロシア・ハバロフスクで野菜工場、ウラジオストクでリハビリテーション事業を展開

2017年6月、重久は『ロシア友好勲章』を受賞。受賞式典は東京・狸《まみ》穴《あな》のロシア大使館で受章式典が開かれ、重久は同じ受章者の飯島彰己・三井物産会長と共に式典に臨んだ。当日は、ロシア文化振興への貢献をたたえる『プーシキン・メダル』の授賞者も決まり、民間外交推進協会理事長・松澤健、ロシア正教会長司祭の長屋房夫、それにジャパン・アーツ取締役副会長の大内栄和が受賞した。

このときの受賞式に出席し、スピーチを求められた。この種の式典では、大ていは用意してきた原稿が読まれる場合が少なくないが、重久は原稿なし

で、自らの思いをその場に居合わせる人たちに語りかけるようにスピーチするのが通例。この日も笑みを浮かべながら受章の挨拶に立った。

「ロシアの女性は美人ぞろいですね」――。いきなりロシア女性のことから切り出したものだから、会場も呆気に取られたが、その直後にドッと笑いが生まれ、会場が和やかな雰囲気に包まれた。

少し堅くなりがちな式典だが、そこに和《なご》みが生まれるようなスピーチをしたい、それが人と人の交流が始まるきっかけになれば、という重久の思いがあった。そのためには、スピーチの言葉一つひとつが、実は意味の深いものになる、という重久のという考え。だから、日本語からロシア語への翻訳も万全を期さないといけない。

そこで、重久は、日揮社内でロシア語に堪能な加藤資一を連れてきていた。加藤も、重久との日頃の関係で重久のモノの考え方や表現方法、そして何より人となりが分かっているので、重久の言葉の持つ意味を的確にとらえて、テンポよくロシア語に換えていく。

「ロシアの女性は……」という切り出しから、会場の人たちに笑みがこぼれ、出席者は重久の方をぐっと凝視する。会場の反応に手ごたえを感じながら、重久は「JGC（日揮）はこれからもロシアに投資し続けていきます」と具体的なプロジェクト名を挙げて、スピーチを進めた。

スピーチを終えると、会場全体から力強い拍手が送られてきた。この日のスピーチを見ても、重久が海外との交流を進めるときに、まず、こちら側から相手に話しかけることが大事ということである。つまり、人と人の付き合いは、"Speak up"（話しかける）の精神が大事ということ。重久はこの"Speak up"の精神で、受章式典に臨んだということである。

この受章式典の5年前、2012年、ロシアのサンクトペテルブルグでプーチン大統領が出席する会合が開かれたときのこと。

経済開発を積極的に進めていくという、ロシアの方向性を、指導者・プーチン大統領の口から直接聞こうと、欧州の政府関係者や大企業トップ、それに日本、中国などアジアからも政府関係者や経済人が多数参加。出席者は千数百人にのぼる一大会合であった。

　プーチン大統領の演説の後、重久は分科会でスピーチをする機会を得た。

「JGC（日揮）は、ロシアに投資をする意思がある」と重久は言明。天然ガスや石油などエネルギー開発が進み、ロシアはエネルギー大国だが、余りにもエネルギー依存で基盤がもろい。エネルギー産業を基礎に、もっと付加価値の高い事業を生み出していこうという産業の高度化を図ろうという国全体の方向性である。

「ロシアが好きなので、投資を進める用意がある」という重久のスピーチ。

「スピーチは5分以内に…」というロシア側関係者の意向だったが、重久のそれは倍の10分に及んだ。重久もそれだけ力が入っていたし、スピーチの中身に関心を寄せたハバロフスク地方のシュポルト知事などは、重久がスピーチを終えた途端、重久の所へ駆け寄ってきて、「いつロシアから帰るんだ」と聞いてきた。「これから、すぐ日本に帰る予定です」と答える重久。すると、相手は、「日本に帰ったら、すぐハバロフスクに来てくれないか」とハ

シュポルト・ハバロフスク州知事副首相と

バロフスク訪問をその場で要請するほどだった。

　重久がサンクトペテルブルクを訪ねたのはこの時が三度目。このサンクトペテルブルクは、１７０３年ピョートル（英文名ピーター）大帝が築いた都でかつてペテルブルクと称した。１６８２年に即位した大帝はトルコから一部地域を奪い、バルト海沿岸、カスピ海沿岸にまで領土を拡張。大帝は中央に元老院を置き、行政をしっかり監督させ、宗教権もギリシア正教総主教の手から移して政教両面で統治の主導権を握った。また科学アカデミーをつくり、西欧技術を取り入れて、これを普及させ、産業の振興を図った指導者として知られる。

ペテルブルクはロシア革命（1917）前まで宮都であったが、革命後の1924年レニングラードとなり、ソ連邦崩壊（1991）後に、現在のサンクトペテルブルクに改称された。このように、ロシアの歴史の変遷の舞台となってきた都市である。

現在は、人口4百数十万人で、ロシアの首都モスクワ（人口8百数十万人）に次いで第二位の都市。バルト海の支湾であるフィンランド湾頭に位置、ネヴァ川をまたがる形で都市を形成。機械、造船などの工業地帯を擁し、ロシア帝国の栄華を今に伝えるエルミタージュ美術館、皇帝が住んだ冬《とう》宮《きゅう》などがあり、壮厳にしてきれいな都市である。

「ええ、サンクトペテルブルクは、聖ピーターの街という意味ですね。サンクトは聖、ペテルというのはピーター。ブルクは街。サンクトペテルブルクはフランス人、ドイツ人、それにイギリス人もしょっちゅう仕事や遊びに来る街。歴史的にも交流のあるところだから、欧州各国ともつながりのある街ですね」

このサンクトペテルブルクで重久がスピーチしたことが縁となって、日揮はこの後、ロシア極東部、ハバロフスクでの農業プロジェクト、ウラジオストクでリハビリテーション事業を手がけることになった。

ハバロフスクで始めた野菜生産事業は現地の人たちに、「野菜に困っている」といわれて始めた事業であり、現地に大歓迎されている事業。ハバロフスクは中国と隣接しており、中国産の野菜が入ってきている。品質や安全性を考えたときに、日本の野菜に対する期待は非常に高い。

日揮が80％超を出資する『ＪＧＣエバーグリーン』が現地に野菜工場をつくり、その温室の中でトマトやきゅうりが栽培されているのである。

また、ウラジオストクではリハビリテーション事業を展開。これは、北海道帯広市の社会医療法人北斗との合弁でウラジオストクにリハビリテーション事業会社を設立したもので２０１８年に開院予定。

日揮は2013年からカンボジアで病院事業を展開

北斗病院はリハビリテーション分野で実績をあげており、拠点の北海道・帯広市では画像診断センターも2013年に開設するなど、検診の普及や診断技術の向上を図っている。

日揮はこうした医療分野では250件以上の病院設計建設を手がけているほか、13年にはカンボジアでも病院事業を展開するなど、医療分野でも実績を積み上げてきている。

ロシアの平均寿命は男性が66・5歳、女性が77歳といわれる（2017年時点）。日本人の平均寿命（男性81歳、女性87歳）と比べても短かい。ウォッカなど酒好きの国民性も平均寿命の短かい理由の一つといわれたりするが、政府としては医療水準の引き上げや医療制度の充実で生き方・働き方の改革を推し進めようとしている。

そうしたことと相まって、ロシアも高齢化が進んでおり、質の高い回復期リハビリテーションに対するニーズは高まっている。

日揮はこうしたロシア社会のニーズに応えるべくウラジオストクでのリハビリセンター事業に投資したということ。合弁会社『JGC Hokuto Healthcare Serrice, LLC』の資本金は3億円で、日揮90%、北斗10%という出資比率。

QOL（Quolity Of Life）、『生活の質』を向上させようという言葉を最近よく聞く。日揮と北斗がウラジオストクで展開するリハビリセンターも文字通り、ロシアの人たちのQOLを向上させる取り組みとして注目される。

野菜工場をつくったハバロフスク地方の知事からは、『ロシア友好勲章』を受章した際、受章を祝う手紙が届けられた。ていねいな手紙に感謝しながら、こちらも返事を書いたと、重久は次のように語る。

「ハバロフスクの知事のシュポルトさん、お手紙をいただいてありがとうございます。わたしはあなたを古くからの友人と感じています。あなたのお手紙をいただいてサンクトペテルブルグのときのことを思い出したりしました。わたしはこのたびの事業を成功裏に立ち上げることができたのは、シュポルト知事の協力なリーダーシップによるものと改めて感謝いたしますというようなことを、返事として書きました」

一つひとつの事業に、関係者のそれぞれの思いがこめられている。

世界各国、各地域でその国や地域のためになる事業を提案していく。そのためにも現地の人たちに自分たちの構想を示し、理解し同意してもらえるように事業構想をまとめあげ、提案していく。その提案の入口の扉を開くのが"Speak Up"の精神である。

重久が、『利他主義』そして『自利利他』の精神が大切だと訴えてきているのも、それがエンジニアリング事業の真髄をとらえているからである。

第4章

「その国に役立つプロジェクトを！」韓国、アルジェリアで体得した教訓

韓国の首都・ソウルに所長として赴任、当時31歳の若さ

香港に続いて、二番目の海外事業となったのは韓国。日揮にとって、初めての海外事業所を首都ソウルに立ち上げることになり、重久は初代所長として赴任。1965年（昭和40年）のことである。重久は31歳のときで、仕事に燃えていた。

1965年は、日韓国交正常化が成った年。日韓両国の間で戦後長らく国交がない状態が続き、戦後20年にしてようやく国交正常化が図られたという区切りの年であった。

まだ韓国内には反日感情が根強かった。ただ、当時の朴正熙《パクチョンヒ》大統領は経済成長を実現するための政策を推し進めており、1965年6月には日韓基本条約が調印されるなど、日韓関係も変わり目を迎えていた。事実、朴大統領はその後、韓国が『漢江《ハンガン》の奇跡』と呼ばれる経済成長を遂げる基礎を築いていった。朴正熙大統領は、朴槿恵《パククネ》・前大統領の実父である。

韓国・ソウル事業所長として赴任

話を元に戻すと、この時期、重久は懸命に仕事に打ちこんだ。

「わたしは、日本の技術力がいかに素晴らしいかをとにかく一所懸命に説明し続けました。その結果、大韓石油公社（現ＳＫエネルギー）の蔚山《ウルサン》製油所など、いくつもの仕事を受注するという成果をあげることができました」

このあと、予期しない出来事が起きた。その蔚山製油所の建設が終了し、竣工式が現地で行われた67年、常圧蒸留装置の蒸留塔が倒れる事故が発生したのである。

韓国での仕事は順調に進んだ。しかし、この事故で韓国人の現地作業員が1人、倒れた塔の下敷きになって亡くなった。お目でたいはずの竣工式での予想もしない事故の発生。パニックになるところを、重久は感情を抑え、冷静に振る舞った。

遺族は悲しみにふけり、不満を思い切りぶつけてくる。事故対応は、ソウル事業所長の重久自らが陣頭に立って行い、関係者の間を駆けずり回った。遺族は事故後、ソウルの事業所を連日のごとく訪れ、その非を責め立てる。重久は胸ぐらをつかまれ、ネクタイを引っ張られた。その都度、頭を下げ、遺族には謝るしかなかった。事故の責任をめぐって、地元警察も動き、事情聴取で署内で一晩明かしたことも体験。結果的に、刑事責任は問われなかったが、遺族への対応はていねいに、誠実に対応した。

倒れた蒸留塔は当然のことながら、使いものにはならない。日本の三井造船・相生造船所（兵庫県）に再度製造を発注し、それこそ突貫工事でつくってもらい、何とか発注者が満足する工期で完成させ、取り付け工事を無事終わらせることができた。

「わたしにとって、この出来事は、日揮に入社して初めてと言っていい位の修羅場となりました」と述懐する重久である。

誠実に、誠実に遺族に対応していく。それに徹してきた重久だったが、「本当につらい体験」だった。

韓国駐在時代の「人の輪」づくり

この韓国駐在時代にも、重久は"Speak Up"（スピークアップ）を心がけた。最初の仕事は、先述のように、大韓石油公社の仕事。当時、日揮のソウル事務所は大韓石油公社が入居しているビル内に置いたので、毎日のように相手のオフィスを訪問した。相手は英語か韓国語しか話さない。英語で会話は十分だったが、こちらも必死で韓国語を習得しようと、できるだけ韓国語を使うように心がけていった。

戦後まだ20年しか経っていなく、大韓石油公社の関係者は日本語がしゃべれる人ばかりだった。しかし、戦後の日韓関係も微妙に響いて、先方には「日本人に向かって、日本語を話してたまるか」という思いが強かった。

そこで、重久も普段は韓国語で話し、正式な交渉のときは英語を使うというやり方で通していた。

「韓国のお客様からは、英語で話していると、この日本人にはかなわない、変わった日本人だなと思われていたようです」と重久も、周囲の韓国の人たちの反応が気にはなっていた。

しかし、あるとき、先方の人たちが韓国語で話していて、「重久は一所懸命やっているから、日本語で話してやろうよ」と言い合っていたときには、重久も「つい、こちらも笑顔になってしまいました。このときのことは今も忘れられません」と話す。

韓国のビジネス界に身を置き、やっとその一員として、仲間として認めてもらったという手応えに、重久の表情も思わず緩んだのである。

そして、この後、重久は大韓石油公社の国策がらみの仕事をしていた関係もあって、青瓦台を訪ね、朴正熙大統領と会談する機会を得た。その国や地域のための仕事に打ちこむ。エンジニアリングという仕事の真髄に触れ、その国のお役に立てるような仕事を追い求めていこうという気持ちをさらに強めていったのである。

韓国では、重久は『シゲ』の愛称で呼ばれた。韓国語で『シゲ』と発音すると、それは時計を意味する。正式には、現地の人たちも、「ミスター・シゲヒサ」とやってくれていたが、韓国の人たちにとって、『シゲヒサ』は発音しにくかったらしく、みんな『シゲさん』で通していた。

「みんな、『シゲさん、シゲさん』と呼んでくれましてね。4年近く駐在しましたが、帰国する頃には送別会を開いてくれて、泣きながら送り出してくれました」

苦労もあり、課題もあった。そういう中で自分たちの考えを正直に打ち出し、徹底対話して、問題解決の道筋を描いていく。そうした日々の積み重ねが互いに胸襟を開かせるようになり、親しくなっていく。人と人のつながりの原点がつくれたソウル駐在の4年間であった。

アルジェリア・アルズープロジェクトの赤字を教訓に、利他主義に磨きをかける

利他主義——。エンジニアリングの仕事を通じて世界中の人々が共存、共生していくことの大事さを痛感してきた重久。自らの生き方として、モットー（信条）として、"Give, give, give and take!"をあげてきた。ふつうの言い方は、"Give and take"である。

それなのに、give（相手に与える）を3回やったうえで、最後にtake（自らが得る）が来る。まず、相手のためにと動き、働いていくと、回りもって自分にも得る所があるという生き方であり考え方である。これも、利他主義の考え方であり、自己と他者との共存共栄につながる考え方である。

1961年に入社した重久は海外事業の開拓をトップから命ぜられ、香港に赴き、そして同社初の海外駐在員事務所をソウルに開設、そこの所長とし

アルジェリアに建設したアルズー製油所

て赴任。韓国では韓国石油公社（現SKエナジー）の蔚山《ウルサン》製油所建設や南部の麗水石油化学などのプロジェクトに取り組み、一つひとつ遂行していった。そして、60年代後半にはアジアからはるか遠い北アフリカのアルジェリアで製油所建設にたずさわった。

日本の曲で、『ここは地の果て、アルジェリア』と歌われてきた国・アルジェリアは地中海に面した産油国。旧宗主国・フランスからの独立を目指し、長い間、独立闘争がフランスとの間で繰り広げられてきた。

そして1962年7月5日、遂に独立を果たしたという歴史。その後、経済建設に取り組み60年代後半、日揮は同国のアルズー製油所建設を受注した。石油精製のプラント建設では同社にとって初受注で同社関係者の意気も上がった。

フランスから独立を果たし、自国資源を活用して国づくりを目指していた。日揮にとって、このアルジェリアは重要な市場ということにとどまらず、会社の命運を左右するほどの関係を持った国。

1969年（昭和44年）、重久はソウル駐在から帰任。この年、日揮はアルジェリア国営炭化水素公社から、アルズー製油所建設の受注に成功。社内は大いに沸いた。ただ、建設現場は首都アルジェから西へ400キロ離れた場所にあり、厳しい環境。当然のことながら、社内の誰も土地勘がない所。

受注金額はその頃としては大きい250億円。当時の日揮の年間受注総額の3割にもなり、大変に魅力的なプロジェクトだった。

折しも、日揮は東京証券取引所第一部に株式を上場するときで、アルジェリアの成功で一段と飛躍しようという空気に包まれていた。

しかし、現場は文字どおり、環境の厳しいところ。気候、風土、習慣が日本とは大きく異なり、プロジェクトは難航をきわめた。環境面では、猛烈なスコールに何度も見舞われるという天候。そして現地の工事会社の技術や作業員の技能にも課題があり、言葉の壁もあって、担当者も往生した。

途中から、工事は日本の会社に切り替え、日本からも多くの作業員を送り込んだ。当然、コスト高になる。何とかプロジェクトを完成させなくては、との思いで必死に仕事に取り組んだ。工事が完成してみると、大赤字であった。

それまで日揮が1960年代に東南アジアや南米で蓄えてきた海外事業に対する自信がこのときは挫かれてしまった。

日揮側とは対照的だったのがアルジェリア側の満足度。日揮側の努力と仕事の成果を高く評価してくれたのだ。

従来、旧宗主国のフランスの企業が独占的に扱ってきたプラント建設を含むエンジニアリング業務を日本企業が赤字になりながらもやってくれたと感謝したのだ。アルジェリア側も、「これでフランス側の言いなりにならずに済む」と先行きに自信を持つことにつながった。

　このときの思いを、重久は２０１６年に日本経済新聞に連載した『私の履歴書』で、「エンジニアリングは国を変える」と記している。

　当時の鈴木義雄会長は、「重久君、アルズー製油所の完成祝いでアルジェリアから絨毯《じゅうたん》をもらったが、この絨毯は１インチ四方で１万円もするね」と言ったのが、今でも忘れられない言葉だ。

　改めてエンジニアリング事業の難しさが骨身にしみて分かったアルズーでのプロジェクトであった。しかし、このプロジェクトから得た教訓は大きな『ＥＰＣ』を回すときの態勢づくり、そしてプロジェクト管理、コスト管理、そして多国籍から成る作業現場でのマネジメントをしっかりやっていくことの大切さである。ＥＰＣは、Ｅ（設計）、Ｐ（機器調達）、Ｃ（建設）の一気通貫の流れがスムーズに行き、全体の流れに整合性が取れるようにしていかないといけない。
こうしたことを考えさせるアルズー・プロジェクトであった。確かに大きな赤字をこうむったが、それを教訓にして、今日、日揮が世界有数のエンジニアリング会社に成長、発展する大本になったプロジェクトとも言える。

アルズー製油所は、アルジェリアが独立後の経済建設のために必要としたもので、自国産の石油産業を成長させようと推進したもの。相手のニーズに沿って、プロジェクトを提案していくエンジニアリング会社として、その構想力を世に問うものでもあったし、重久ら日揮関係者も奮闘した。

その根幹に流れていたものは、重久によると"Give, give, give and take"の精神であった。

大赤字を出しながら、工期を守る、誠実に仕事に取り組む姿勢を見せた日揮をアルジェリア側は高く評価。このことは、1976年、同国での総額3000億円の巨大プロジェクト受注につながっていく。同社の社運を大きく伸ばすハッシルメルの天然ガス処理プラントである。

アルズー製油所建設で大赤字を出したことが頭にあるだけに、これほどの大型事業を引き受けられるのかどうかと不安視する声もあった。しかし、当時の経営陣は「挑戦しよう」と決める。当時、国際営業部長の重久も胸打たれる決断だった。

場所は、首都アルジェから南へ６００キロ、そこから南はサハラ砂漠が広がる。産出する天然ガスから石油ガスや石油の成分を分離精製し、パイプラインを使って北の地中海沿岸まで運ぶ。そして、ガスは地中海の底を通るパイプラインを通して、液化天然ガス（ＬＮＧ）として輸出するという壮大なプロジェクトである。

ただ、環境の厳しさは筆舌に尽くしがたいもの。

強烈な日差し、乾燥して高温になる空気に加え、強風や砂嵐に見舞われ、それまで日揮関係者が経験したことのないような過酷な作業環境である。

そうした環境下で、最盛期には約８５００人もの人たちがそこで働いた。日本人はもちろん、現地の人たちも手をたずさえて仕事に取り組んだ。

社運をかけたハッシルメルのプロジェクトも無事に完了。1978年度の決算では、日揮の売上総額の半分をハッシルメルが埋めるほど、同事業は会社の業績に貢献していった。

しかし、好事魔多し――。このことはいつの時代も、また企業も人も何度か体験させられることだ。ハッシルメルの次に受注した工事、それはサハラ砂漠に全長350キロの大口径ガスパイプラインを敷設しようというプロジェクトだったが、これも難工事となり、大赤字となった。

改めて、エンジニアリング事業の奥の深さ、難しさを思い知らされることになったアルジェリア・プロジェクトであった。それと同時に、現場の大切さが骨身にしみて考えさせられる一連の事業であった。

ともあれ、日揮はLNG（液化天然ガス）で成長し、エンジニアリング会社としての存在感を世界で高めていくきっかけをつかんだ。

気体の天然ガスは摂氏マイナス162度まで冷却すると液体になる。そして体積は600分の1にまで縮小する。この性質を利用して、LNGを専用船で需要地で運ぶ。

日揮はこの天然ガスを精製、冷却液化するＬＮＧプラントをアジアで最初に手がけた企業。またグローバル市場でＬＮＧの普及と促進の一翼を担ってきたし、重久自身もこのＬＮＧ事業でずい分と鍛えられた。

日揮がＬＮＧ事業をなぜ得意技にできたのかといえば、石油化学のエチレンプラントづくりで経験があったからだ。石油化学の基礎素材であるエチレンを製造するための冷凍技術を持っていたことで、それが天然ガスの液化に生かせたのである。

ＬＮＧ事業を歴史的にたどれば、１９６４年のアルジェリア、69年にアラスカを経て、70年にブルネイのＬＮＧプラントを米ブロコン社と共同で受注。このとき受注を争ったのは米エンジニアリン大手・ベクテルと日本の千代田化工建設の連合であり、激しい受注合戦の末、日揮が競り勝った。

このあと、インドネシアのアルンＬＮＧ第1期工事の受注を狙った。同国は米ベクテルの牙城とされたところで、ベクテルを突きくずしたいと考えてのインドネシア参入であった。あと一歩で受注できるという所までいったが、まさに油断大敵。土壇場で米ベクテルに引っくり返されてしまった。

その後、インドネシアでは受注に2回失敗するなど打撃も受けた。しかし、こうした受注失敗があって悔しい思いをすることで新しい闘志がわいてくるし、新たな挑戦も生まれてくる。そしてライバルに負けないようにコスト競争力や提案力を磨いていくことになる。

このように成功もあったが、数々の失敗や試練を体験することで、「LNGの日揮」の評価が高められていったと重久は述懐する。

事実、その後、日揮は79年にマレーシアのLNG第1期工事を受注、そしてマレーシアのLNGプロジェクトを自分たちが独占するところまで力をつけてきた。80年代はLNGプロジェクトが世界規模で花開いた時期。米ベクテルに逆転劇で受注をさらわれたインドネシア・アルンの第3期工事では受注に成功、リベンジを果たした形となった。

チャレンジし続けることの大切さを学んだLNG事業である。

第5章

人的ネットワークを世界に構築

――海外要人と、胸襟を開いた付き合い――

人と人のつながりの中で確かな事業を展開
「日本への期待は高い」――。

重久は、エンジニアリングの仕事を通じて、世界中に友人の輪を広げていった。筆者は、重久を取材し、面談していて、その底に明朗な人柄、そしてプラス思考が基本にあり、そのことが相手に安心感を与えているのだなと感じてきた。初対面の人でも、相手の胸の中にスーッと入り込み、いわゆる胸襟《きょうきん》を開く間柄にすぐなってしまう。一言でいうと、そういう重久の人となりである。

こんなエピソードもある。アラブ世界の盟主、サウジアラビアの国営石油会社、サウジアラムコの首脳から、ある人が「重久さんに渡してくれ」と頼まれたと言って、綺麗な封筒を持ってきた。

重久が封を開けると、中には鉛筆が一本入っていた。鉛筆は削って使っていく。〝削る〟がキーワードで、先方は日揮と取り組むプロジェクトの経費

サウジアラビアの国営石油会社・サウジアラムコのジュマ元社長と

について、「もっと削ってくれ」いう意味を込めて、封筒に鉛筆を入れて、自分たちのメッセージにしたということ。何ともユーモアのあるやり取りではないか。相手の意が読めて、その後、会ったときの会話が大いにはずんだのは言うまでもない。

ビジネスの交渉事は、時に双方の利害がぶつかり合い、暗礁に乗りあげることがある。そういうときに、ただ意見のぶつかり合いに終始していたのではコトは進まない。時にユーモアを交じえて、相手の心を解きほぐし、対話を実りあるものにしていくということも大事。

宗教、習俗は違っても、ユーモアを解する気持ちは同じ。この鉛筆の一件も、胸襟を開いて付き合う重久の人となりが反映されたエピソードである。

北アフリカのアルジェリア、チュニジアそしてエジプトなどいわゆるマグレブ諸国は古代ローマ以来の歴史を持つ国々。また、サウジアラビアやイラク、シリアなど中東はオスマントルコとの関係もあり、キリスト教とイスラム教との関係も含めて長い歴史的背景を頭に入れておかないと、その国の置かれた今日的状況を理解することはできない。

イタリア在住の作家・塩野七生のシリーズ『ローマ人物語』はローマ史に登場する人物を生き生きと描いた名著だが、重久は各巻を読み、悠久の歴史の中でローマが各地域の諸民族や異教徒たちにどう接し、どう統治してきたのかを考える参考の一つにしている。同じ塩野七生著の『十字軍物語』もキリスト教とイスラム教の歴史を知るうえで大事な本だ

宗教、言語、文化、習俗が違う民族同士が接し、共生し、競争もしてき

た。時に、戦争という事態を招いたりしてきた人類の歴史。その歴史を踏まえながら、どう共存共栄を図っていけばいいのかというのが、重久が海外事業にたずさわって以来、半世紀以上にわたって考え、追求してきたこと。

アルジェリアで仕事を始めて50年、友人たちとの語らいの中で思うこと

アルジェリア・アルズー製油所建設以来、50年が経つ。この間、中東・アフリカとの関係も深まっていった。また、アフリカの話になると、重久の話にも熱がこもる。

例えば、アルジェリア。古くは、沿岸部がカルタゴの植民都市になり、その後ローマ共和国の属州となり、ゲルマン系の征服や東ローマ帝国の征服を受けたりした。8世紀にアラブ人のイスラム勢力が侵入し、イスラム化とアラブ化が進んだ。16世紀にはオスマン帝国（トルコ）やスペインの進出も受けたこともあり、1830年にフランスが進出。フランスは激しい抵抗運動

を受けたが、１８４７年に全アルジェリアを支配、それは１９６２年の同国独立まで続く。

第二次大戦後、フランスの第五共和制をつくったドゴール元大統領も、戦争中、ドイツ・ナチの攻勢から避難して、アルジェリアに拠点を構え、反転攻勢をうかがうという時期もあった。

そうした歴史的経緯もあって、アルジェリアではフランス語が日常的に使われる。公用語はアラビア語とされているが、ビジネス関係ではフランス語が飛びかう。

重久は、英語を使ってコミュニケーションを取るが、先方と話すときは、ゆっくり発音し、相互理解が進むようにする。日揮は現地に『ＪＧＣアルジェリア』という合弁会社を設立。そこのスタッフと話をするとき、重久は英語で、「ゆっくり話すから、しっかり聞いていてね」とユーモアたっぷりに話し出す。すると、スタッフたちもフランスなまりの英語で返してきたりする。なごやかなひと時である。

人間関係ができあがると、カミシモを脱いで、フランクに質問したり、答えたりする。

"Do you like French?"（君はフランスは好きなのかい？）とズバリ聞くと、アルジェリアの相手からは"No"という答え。中には"We hate them."と言ってくる人もいる。フランスの植民地時代、そして戦後の激しかった独立運動という歴史をたどってきただけに、アルジェリアの国民感情も複雑である。

そうした国民の気持ちや心情を知って、仕事をするのと、それと無関係に仕事をするのとでは相手のこちらに対する信頼度も違ってくる。

重久が交流のある国々のこと、あるいはその国の人たちのことを語るとき、そこには相互尊重と慈愛の精神がある。相手も、その気持ちがわかるから、胸襟をひらいて、率直な話をしようとする。

こちらも言いたいことを言い、相手もそうする間柄になる。対話や議論を重ねながら、連携を深め、仕事を進めていく。世界はもともと多様性を持っている。その多様な世界が共存していくには、相互に認め合い、尊重し合うことが大事である。

サウジアラムコ担当者との率直な話し合いの中で啓発されたこと

重久は1974年8月、国際事業本部営業部長になってから、産油国のビジネスチャンスを求めて、人脈を開拓していった。

サウジアラビアから輸出される原油の多くがパイプラインでレバノンに運ばれ、そこから地中海経由で欧州はじめ世界に輸出されると見るや、レバノンに飛んだ。そうして首都にベイルート事務所開設の準備を進めた。

その数か月後にキリスト教系とイスラム教系の勢力による内戦が起き、事務所開設は立ち消えとなった。中東は『世界の火薬庫』といわれることを肌身にしみて感じさせられる体験。

しかし、それにもかかわらず、中東産油国は長期的に見ても攻略しなければならない重要な市場と見て、手を打っていった。76年に湾岸のバーレーンに中東初の営業事務所を開設。続けて77年にサウジアラビアのアルコバール、78年にはクウェートに事務所を設立。

だが、受注はあまり芳しくなかった。米ベクテルなど欧米勢の力がもともと強いところであり、日本勢では同業の千代田化工が特にサウジ市場では強かった。

当時、国営石油会社のサウジアラムコ社が首都リヤドのほか、紅海沿岸のジェッダ、ヤンブーなどに大型の製油所を建設していた。日揮も毎回応札するが、千代田化工に受注をさらわれる悔しい思いをさせられたものだ。

ここで、重久は踏ん張った。持ち前の“Speak Up”（話しかけていく）精神でサウジアラムコ担当者のもとを訪ね、日揮の技術を売り込んだ。

こちらの熱意が通じたのか、話を終えた後、その担当者が車でホテルまで送ってくれるというのだ。遠路９０００キロも離れた日本からやって来た重久の労に感じいってくれたかどうかわからないが、重久も相手の好意が感じ取れた。車中で率直にいろいろと話し合った。「相手は若いけど、はっきりモノを言うタイプでしたね」と重久。

道すがら、そのアラムコの担当者が急に車を停めた。目の前に高層ビルが建っている。見ると、『Fluor Corp』とある。米国のエンジニアリング大手、フルアが30階建ての自社ビルを建てていたのである。

件のアラムコ担当者が言った。「JGC（日揮）がサウジで本気で仕事をしたいのであれば、これぐらいの気構えを見せなければ駄目だ」と。この言葉に啓発されてか、重久はサウジアラムコのナンバーワン・コントラクター（第一位の契約企業）になってやろう、と行動していく。サウジアラムコとの関係がこうして始まった。

オマーンの友人からは風月剣をプレゼントされて……

サウジアラビアの隣国でアラビア半島の東端に位置し、アラビア海に突き出た所にオマーンという国がある。内陸部では農業が営まれ、羊や牛、ロバなどの放牧生活を送る人が多く、海岸部では昔から木造船を使っての漁業や海運業を営む人たちも多かった。オマーンの人たちは航海術にすぐれているといわれ、海で活躍。中東地区では治安のいい所とされる。石油はわずかだが産出、天然ガスも採掘されている

日本は一番の貿易相手国で石油、天然ガスのほか、インゲンマメやナツメヤシなどの農産物も日本は輸入している。

重久もこのオマーンとの間で思い出深い交流がある。オマーンの担当大臣に会ったときに、イスラム社会で尊ばれる風月剣をプレゼントされたのである。ヨーロッパの剣は刀身が真っすぐだが、風月剣は反っているのが特徴。反りが大きいといったほうがいい。

キリスト教社会が十一世紀から十三世紀にわたって都合7回行ったという十字軍遠征。この十字軍との戦いで風月剣は使われた。その風月剣をプレゼントされて重久も感慨深げ。

「大臣の家に呼ばれて、大きな立派な屋敷に案内してもらっているうちに、パッと壁に掛かっている剣を見たら、立派な剣。それを見てたら、大臣か

ら、「これ好きか？」と聞かれて、「良いですなあ」と感想を言ったら、「よし、君にあげよう」となった。

剣自体は大きいし、手に持って帰国するわけにはいかない。別便で送ってもらったが、横浜港の税関で引っかかってしまった。銃とか剣は危険物で、「輸入されたら困ります」という当局の答え。

オマーンとの友好、交流を進めている立場上、プレゼントされたものですと言っても、税関当局は「困ります」という答えを続けるばかり。輸入の専門業者にも相談して、オマーンと日本との友好にも響く話なので解決策を探し出し、結果的に輸入税を重久が払って、引き取ることにした。

当局との間で、ちょっとしたトラブルになってしまったが、オマーンは日本にとっても大事な国。サウジアラビアやＵＡＥ（アラブ首長国連邦）、クウェート、イラン、イラク、カタールなどの産油国から石油や天然ガスが世界に輸出される際、必ずホルムズ海峡を船舶は通る。このホルムズ海峡を管理する区域はオマーン領である。

日本が輸入する石油・天然ガスの8割はこのホルムズ経由であり、地政学上、日本にとってオマーンは大事な国ということになる。

そのオマーンの大臣との友好を象徴する風月剣である。重久にとって、忘れられない出来事である。

「オマーン人というのは、イスラム社会の中では何となく一番優しいなあ、とわたしは当社の人たちには言ってきたんです。例えばビルの前に兵隊さんがいます。われわれ日本人がそのビルに入ろうとすると、『グッド・モーニング』と声をかけてくるんですよ。そんな国は他のイスラム世界ではなかった。そういうところを見ても、オマーンという国は優しい国です」

重久が、今まで訪れた国のことを話すときの表情はとにかく柔和で優しい。

七度にわたって攻めてきた十字軍に対して、イスラム社会も戦い、負けなかった。そのうち十字軍も引き揚げてしまった。

欧州や中東、アラブ圏の歴史は激動のそれであり、ダイナミズムにあふれている。２０００年以上前に、ユダヤの民のディアスポーラ（Diaspora海外離散）があり、オスマントルコの東ローマ帝国の首都コンスタンチノープル（現イスタンブール）陥落がありと世界に古くから激動の歴史をたどってきている。

そうした歴史を抱える海外で仕事をするからには、そこに住む人々と忌憚のない付き合いをし、心を通わせていきたいというのが重久の流儀。

「その土地土地のことは体で覚えていった。アルジェリアもそう、モザンビークもそう、ナイジェリアもそうだし、ヨーロッパの大半の国、イスラム世界の国々も自分の足で運び、自分の目で見て、耳で聴いてきた。自分の体で動いたということです」

世界の話になると、尽きることがない。レバノン、ヨルダンからイラク、イランはもちろんのこと、中央アジアと呼ばれる地域にも何度も訪ねた。

「あの辺はＴＡＰＩ（タピー）と言っています。ＴＡＰＩというのは、Ｔはトルクメニスタン、Ａがアゼルバイジャン、Ｐがパキスタン、Ｉがインドです。それからカスピ海を通り越してカザフスタン、ウズベキスタンと続きます」

こうつないだ後、重久が次のように続ける。

「あの辺の国々は、ロシアからいじめられた。そういう歴史もあったんですよ。で、中国と仲良くなったら、今度は中国からもいじめられた。だから本音では、ロシアも嫌、中国も嫌という国が少なくないんです。そういう中で、アジアの東端に位置する日本は小さな国だけれども、好かれている国だなあとつくづく感じてきました」

トルクメニスタンは、元ペルシア帝国として栄華を競ったイランの隣国。ソ連邦崩壊（１９９１）前までは北方のカザフスタンや東隣りのウズベキスタン、さらにはタジキスタン、キルギスなどと共にソ連邦に組み込まれていた。大国ロシアなどの関与を陰に陽に受けてきた国である。

そのトルクメニスタンでは天然ガスが豊富。そうした資源を活用しこの国づくりが進む。日揮も同国で石油化学関係の事業を引き受けている。

東にカスピ海を臨むアゼルバイジャンも、北はロシア、北西部にジョージア、西隣りにアルメニア、南にイランと接する要衝の地。首都はバクー。バクー油田で知られるように石油産出も多い。

「アゼルバイジャンの大統領にも会って、いろいろ話したことがあります。アゼルバイジャンの人間の良さというのは強く感じます。同国からは研修で、日揮の横浜の本社に10人ほど受け入れております」

日揮グループの社員は7550人強。横浜本社には約20か国の国籍の社員たちが一緒に働く。また、海外でも最大の産油国・サウジアラビアの子会社には約650人の社員がいる。ここではインドやパキスタンなど社員の出身国は約16か国にのぼる

友人の輪は米国にも広がる。エンジニアリング大手、MWケロッグの社長を務めたジャック・スタンリーとも長年、連携を取ってきた間柄。「ベスト・フレンドです」と本人も言うJ・スタンリーは重久より1歳上。現在は65歳位で経営の第一線をリタイアしているが、20数年前、世界中を一緒に飛

び回った仲。

「MWケロッグをぐいぐい引っ張っていった人物です、スタンリーは。わたしたち二人の協力で一杯仕事をした。お互いに、今度はどこへ行こうかな、スペイン?いや、スペインはちょっと興味が今一つだね、と言うと、そんなこと言わずにスペインをやってみようよと。その途中、アフリカに寄ろうよ。アフリカはどこの国がいいかね、と聞くとナイジェリアだよという答え。一緒に行こうよということで二人でいろいろ視察してきた。ナイジェリアの旧宗主国はイギリス。だから、英語が通じます。ナイジェリアでリファイナリー(石油精製)のプロジェクトは日揮とMWケロッグ一緒にやることになりました」

人と人のつながりが元になって、プロジェクトを手がけることにつながったということ。

実際、ジャック・スタンリーとは、よく議論をした。お互い、会社のトップだから、自社の利益にそぐわないときは、それぞれ自分の主張にこだわり、それを互いにぶつけ合うことも時にはあった。どちらも自分の仕事に懸命だから、真剣勝負のやり取りになる。だから、長い付き合いになるのだと言えよう。

国が違うと、感性も違ってくるし、問題意識のとらえ方にもパーセプション・ギャップ、つまり受け入れ方の違いが出てくる可能性も生まれる。こうしたスレ違いで苦しんだことはないか？

「中国の人たちと交渉をしていて、攻め立てられていたときのこと。余り、こちらも無理はできないということで慎重に話を進めていると、突然、中国側の代表の一人から日本語で、笑顔まじりに『キヨミズデラからとび降りなさい』と言われましたね。強い調子だったので、今でもそのときの言葉をよく覚えています」

『清水の舞台からとび降りる』――。勇を振るって、決断することとの喩えとして、日本でよく使われる言葉を引き合いに、その中国の人がそう言い出して、座がなごんだのだという。それから話が順調に進んだ、ということが

オバマ米大統領（当時）と

あった。

オバマ米大統領にスピーク・アップ

スピーク・アップ（Speak Up）は人脈を広げていくうえでも大事だし、重久は社員にも、常にこの実行を求めてきた。重久はこのことを率先垂範でやってきた。

２０１０年11月、横浜で開催されたＡＰＥＣ（アジア太平洋経済協力会議）の首脳会議。レセプションには米国のオバマ大統領のほか、日本の菅直人首相、アジア各国や豪州の首相ら首脳が出席、合計200人ぐらいの出席者だった。日本の経済人も多数がディナーに参加していた。しかし、誰も各国首脳に近づき、話しかけようとしない。

重久は、米オバマ大統領のほうを見ると、大統領は一人静かに座っている。そこで、大統領のイスに近づき、「Mr. President」（ミスター・プレジデント）と声をかけた。オバマ大統領は重久をハッと見て、スッと立ち上がった。2人は握手した。何を話し合ったのか？

「何だか覚えていないけれど（笑）、何かいろいろな話を仕掛けました。それでオバマ大統領が"Can I ask you your business?"（あなたの仕事は何ですか）とか言われたので、わたしは"I'm from engineering"（エンジニアリングの仕事です）と答えたんです。」

オバマ大統領は"Oh, engineering company"と言って返したが、何となくピンとこない表情、すかさず、重久が"Do you know Bectel?"（ベクテルという会社を知っていますか）と聞くと、"Oh yes, I know"という返事。

「うん、そうか、ベクテルと同じエンジニアリングの会社ですか」と大統領が返し、そこから2人の話が始まった。

近くには中国の胡錦濤《こきんとう》・国家主席、さらには韓国の李明博《イミョンバク》・大統領も座っている。それで、今度は李明博・大統領のほうに近づいていった。

重久は名刺を差し出した。すると、李大統領は、「わたしはあなたの会社を訪ねたことがありますよ」と言ってきた。にこやかに話がはずみ、座も和らいだ。

レセプションが終わり、会場のホテルの車乗り場で車を待っていると、何とオバマ大統領が重久の姿を見つけて「ハーイ」と近づき、手を差し出して握手してくれた。

何十人も並んで車を待っている列に、重久の姿を見るや、大統領のほうから重久に近づいてくるのは、世界の政治家や首脳が集まる行事では前代未聞の出来事。それだけ、重久の「スピーク・アップ」がオバマ大統領の気持ちをなごませたということであろう。

第6章

中国、インドとどう付き合うか、各国の対応は？

――リー・クアンユー首相の助言も入れ、中国での人脈づくりを――

隣国・中国とは引っ越しのできない間柄

隣国・中国とどう付き合っていくか――。日本と中国両国の付き合いは古い。『漢委奴国王印《かんのわのなのこくおういん》』は江戸期（1784年＝天明4年）、筑前国（今の福岡県）・志賀島で見つかった金印だが、後漢の光武帝が西暦57年、同地方にあった小国家の君主に与えたものといわれている。中国大陸との関係は古き世からのものであり、仏教も発祥の地・インドから約1000年を経て、中国を経由して日本へ伝わった（538年）。わが国には自然崇拝から発した神道があり、八百万神（やおよろずのかみ）への信仰がある。何ものにも神が宿るという信仰でこれが共存・共生の思想の淵源《えんげん》ともされる。

そうした神道の国に仏教を取り入れ、国教としたのが聖徳太子。ここで神道と仏教が融合し、神仏習合の考え方が生まれる。外部から文化やものを取り入れる際、既存のものと融合させ、共生させていくという知恵は日本ならではの生き方ともいえる。

今風にいえば、グローバリゼーションの中で、海外の文化、価値観を受け入れながら、自分たちのアイデンティティ（主体性、存在意義）をどう確保していくかという課題とも重なる。

その後、日本から大陸には、遣隋使、遣唐使が送られ、最澄や空海ら日本の仏教の基礎をつくり、仏教を振興させた僧も唐に渡って修行。こうした往来の歴史を持つ両国だが、お互い隣り同士という関係は時に利害が絡んで難しい局面もあるのが現実。

世界を見ても、例えば欧州ではドイツとフランスが隣国同士で長年争ってきた歴史を持つ。石炭や鉄鋼など資源豊富なアルザス地方などは時にドイツ領、時にフランス領と行ったり来たりし、ナチ・ドイツが先の大戦で敗戦国となり、フランス領に組み込まれて今日に至る。両国の争いは欧州の不安定、引いては世界の不安定につながるということで、戦後、欧州石炭鉄鋼共同体、ＥＣ（欧州市場）が結成され、そして今日のＥＵ（欧州連合、93年12か国でスタート、現在、28か国）へとつながっていった。

日中両国も先の大戦時は対立し合ったが、戦後27年経って日中国交回復（１９７２）が成り、今は経済交流、輸出・輸入の貿易でもお互いになくてはならない関係になっている。ただ、政治的に不安定になり、中国国内で反日デモが10年ほど前にも吹き荒れたことがあるなど不安定要素もある。いろいろな事情や要素があるにせよ、まさに、中国とは引っ越しのできない関係であり、何とかして、折り合いをつけていかなくてはならない。

習近平・国家主席が２期目（1期5年）を迎えた２０１８年、日中対話をもっと進めようという気運が盛り上がり始めたのは歓迎すべきこと。南シナ海・南沙、西沙群島での人民解放軍の基地化が進み、日中間に尖閣列島問題が横たわる中で、両国が共存共栄の道筋をどう付けていくか。

双方に抑制と忍耐が求められると同時に、何か不測の事態が起きたときに、最悪の事態に陥らないような対話のためのホットライン設置といった仕組みづくりが大事ということである。

国民レベルで、どう中国と向き合っていくか、ということも重要な課題で

シンガポールのリー・クアンユー元首相と

ある。重久はシンガポールを訪ねた際、同国の指導者、リー・クアンユー首相（当時。今のリー・シェンロン首相の実父）と面談する機会があった。

このときも、重久は率直にリー・クアンユー首相に聞いてみた。「中国と付き合っていくには、どうすればいいか？」と直截的な言い方ながら、リー首相が何と答えるか、首相の目をじっと凝らして見た。

リー首相は、先祖が中南部の出身で世界的ネットワークを持つ客家《はっか》ともいわれていた人物。若い頃、英国

中国節能環境集団公司（CECEP）の王小康董事長と

にも留学し、帰国後に政治家となった。シンガポールの〝中興の祖〟といわれるほどのリーダーであり、世界的にも影響力のある政治家であった。

「中国と付き合いを始めるなら、老朋友《ラオポンユー》を二人持ちなさい、お互い信じ合える友人になり合える2人をね」とリー・クアンユー首相は言った。

　この「二人の老朋友をつくりなさい」という言葉は重久の胸にしみ込んでいった。

　今、日揮は中国で連携する企業に

は、省エネルギーを進める節能公司と巨化という建設会社がある。節能はエネルギーをいかにセイブ（節約）するか、つまり省エネを進めるためのノウハウを開発している。両方の会社とも、今、中国で成長発展しており、重久も「提携してよかったな」という感想を述べる。

「リー・クアンユーさんを本当に心の底から尊敬していますよ」と重久は語る。幾星霜を経て蓄積されてきた世界観、世の中を見通す大局観に、重久は感じ入った様子で語る。

そのリー・クアンユー首相と会った1年後に、シンガポールの企業から、「インドでビジネスを一緒にしませんか」という提案を受けた。相手は女性社長である。

「なぜ、インドですか？」と重久が問い返すと、「あなたは知っているの？シンガポールの人口の20％はインド系なのよ。インドでビジネスをやりましょうよ」というその社長の誘いであった。

重久自身、インドへは何度か行き、インドの国内事情もそれまで調査もしてきていた。
「インドが難しいのは事実です」と重久も一言ポツリと語る。

13億人の民を抱え、可能性を秘めた国。日本企業でもスズキのように40年以上も前に進出し、成功をおさめているところもある。一方で方言も含めると８００以上の言語、一説には１０００近い言語があるとされ、多様性に富む社会。憲法で公認された言語だけで21ともされる。長年染みついたカースト制度で差別意識も社会に残っており、その中でどう経営のカジ取りをしていくか、ということである。

シンガポールはマレー系約６割、中国系約３割という人口構成の中、インド系も10％以上いるといわれる。同国の女性社長もそうした縁があって、インドでの土地開発、工業団地事業を計画し、重久に「開発に参加しませんか」と話を持ちかけてきたのである。現在、この事業は進行中だ。

今後、人口で世界１、２位を占める中国とインドが世界の中で存在感を増していくのは間違いない。中国はＧＤＰで米国に次いで２位、インドは10位とまだ経済力では中国が抜きん出ている。しかし、インドも現在のモディ首相のリーダーシップの下で、貨幣改革をはじめ、社会インフラの整備や外資導入策を打ち出し経済改革にも意欲的に取り組んでいる。アジアの地勢学を考えたうえでも、日本にとってインドと関係を結んでおくことは大事。

こうした大局観を持ちながらも、実際のビジネスに落とし込んでいくと、なかなかに難しい所があるというのが一般のビジネス関係者の受けとめ方である。

隣国同士は昔から仲が悪い、といわれるのは先にも触れた。国境を接する中国とインドの二国間もそうだし、カシミール地域の帰属をめぐるインドとパキスタンの関係もそうだ。

インドと中国、そしてパキスタンという三国の関係を喩えるとどうなるのか？

「インド人は中国が大嫌い。中国人はインド人が大嫌い。その真ん中で一所懸命調整しながらやっているのがパキスタン」というのが重久のユーモアを交じえた見立て。

歴史的な要因、地理的、あるいは地勢学的な要因で国と国同士の関係も微妙なものになってくる。そこへ、最近の中国・習近平政権が打ち出す『一帯一路』(One Belt, One Rood)計画。新シルクロード経済圏構想といわれ、海路と陸路の二つのルートがあり、中国を含むアジアとヨーロッパを結ぶ広域経済圏構想である。

中国の存在感は各国、各地域ですでに高まりを見せている。パキスタンでは港湾整備に中国が協力し、他のインフラ整備でも両国の連携が進む。中国からはるか遠く離れたカスピ海沿岸トルクメニスタンに滞在した折り、中国との関係強化が着々と進められているのを痛感させられたと重久は話す。

「トルクメニスタンから東の中国へ行くまでには、アフガニスタン、パキスタン、インドがあり、地続き的にそうつながるとわれわれは見ていきますが、中国側から見ると、途中でインドを無視してトルクメニスタンまで行ってしまうという一帯一路の遠大な計画」

これら新シルクロードに沿う国々からすれば、中国の経済進出を無視したら、自分たちの成長もできないという思いがある。これは、トルクメニスタンに限らず、カザフスタン、ウズベキスタンやもっと中国に近いタジキスタンやキルギスといった中央アジアの国々すべてに共通する利害関係であり、思いである。

「僕がつくづく思ったのは、世界がどんどん変わるなということ。どんなふうに変わるかというと、アメリカ第一ではなくなっていく。トランプ大統領が政治をしている限りは、アメリカの世界での存在感は落ちていく。それに引き換えて、伸びていくのは中国。あの習近平・国家主席の動き方を見ていると、中国の各地域への浸透ぶりがうかがえます。一帯一路の実行を見ていても、トルクメニスタンみたいな所が大歓迎しているのを見ても、中国からヨーロッパに向けてどんどん中国は入っていっているなと」

これから20年間ぐらいのスパンで見ても、世界はどんどん変化していくという重久の見立て。どういった構造に変わっていくのか？

「アジアが世界の中心になっていく。アジアの中にロシアの東部（極東を含む）も入りますよ。もちろん、アジアの中に日本も入ります。中国が入ってきて、インドネシアも入り、アジア人の存在感が世界になっていく」

アジアダイナミズムが登場する中で日本はどう動くか

アジアが世界のＧＤＰ（国内総生産）の４割を占める時代へ——。アジアの成長のスピードは早い。２０１２年時点でアジアのＧＤＰが世界全体の３割を超えており、２０２０年には４割に達すると見られている。

ちなみに、２０１２年時点で中国の世界ＧＤＰに占める比率は11・５％、日本８・２％、その他のアジア諸国14・４％という数字。２０４０年になると、アジアの比率は５割を占めるという予測もある。中国単体の動きだけでなく、それに台湾やシンガポールなどを含めた『中華圏』という括《くく》りで見ると、さらに中華圏の躍動感が高まる。

日本にとっての貿易相手国シェアを見ても、その傾向はますます高まる。

２０００年時点で日本の貿易相手国シェア1位は米国で25・０％だった。このとき中国のそれは10・０％。中華圏で見ると22・８％、さらにアジアにまで広げると41・４％という比率。

それが２０１６年時点になると、かつて1位だった米国のシェアは15・８％に低下。逆に中国は21・６％と上昇。さらに中華圏では31・６％、アジアは51・７％と全体貿易の5割を超えてきた。ここでも『アジアの時代』という流れが強まっていることが分かる。（財務省『貿易統計』から）。

こうした流れの中で、「これから繁栄するエリアはアジア」と重久はここ数年強調してきた。このように時代は大きく動き、地域や国も大きく伸びる所とそうでない所と違いが生まれ、明暗が分かれたりする。

そうした変化の時代にあっても、人と人のつながりは大事。重久は２０１６年末、日揮の特別顧問を辞し、正式に日揮を退任したが、退任後に嬉しいことが二件ほどあった。

重久は退任後、東京のベイエリア、月島の超高層マンションに妻圭子と住む。マンション内にはプールから談話室、会議場、講演会や落語など催事場、それに常時医師が診療するクリニック、さらには映画室まであり、リタイア後のゆったりした生活が送れるように運営されている。お隣り・中国も経済成長一本ヤリで来たものの、高齢化社会を迎え、熟年世代の生き方の模索が始まっているが、その中国からもこの月島の超高層マンションの運営を視察に訪れるほどの最先端モデルだ。

高層階の30階にはレストランもあり、眼下に墨田川が流れ、東京湾はもちろん、都心部から多摩方向への眺望もすばらしく、富士山もはっきり見える。東側から東南方向には千葉エリアや房総半島が眺望でき、最高のロケーションである。

日揮の社長、会長の後、グループ代表を務め、そして特別顧問を最後に日揮を辞した後、ゆっくり世界のことを考える時間ができた。それでも世界各地を飛び回り、各国の首脳やリーダーと意見を交わし、プラント建設現場で多国籍の人たちと対話を積み重ねてきた重久の話を聞きたいと企業や大学関係者からの話が飛び込んでくる。

重久の誕生日は11月18日。退任1年目の２０１７年のその日に、「誕生日、おめでとうございます」という国際電話がかかってきた。

電話の主は、「ＪＧＣ中国で社長をしているリュウ君でしてね」と重久も嬉しそうだ。ＪＧＣ中国・社長のリュウには娘さんが二人いる。

中国政府は長らく一人っ子政策を取ってきたが、いろいろと弊害も出始め、人口減社会になりそうだとして中国政府はこの政策を取り止めた。二人の子供を持つと、罰金がつくともいわれていたが、リュウは「そんなことは構わない。とにかく自分たちの子供がほしいんです」と二人目を持ったのだという。

そんな前向き精神のリュウに重久も好感を持って接していた。

「リュウ君、ありがとうね。わたしの誕生日をよく覚えていてくれたね」と感謝の気持ちを相手に伝えた後、「また一緒に食事をしよう」と言って重久は受話器を置いた。

すると、間もなく、電話の呼び出し音が鳴った。今度は、横浜本社にいる中国人社員からであった。

「誕生日、おめでとうございます」と相手は言い、「わたしたちで代表を中華街にお呼びし、お祝いをしたいと思いますので、よろしくお願いします」と話しかけてきた。

「喜んで出席させてもらいますよ」と重久は答え、数日後、横浜中華街へ出かけていった。久し振りに会う面々との懇談でもあり、大いに会は盛り上がった。中国人社員たちも、次々と重久の所へ来ては挨拶をし、日本語で、「おめでとうございます」と言い、近況報告などもしてくれた。

このところの日中関係は尖閣列島問題などもあり、政治的には多少ギクシャクしたものがあったが、ここへきて、両国関係が改善され、外相など閣僚級の会合も開かれるようになった。両国首脳とも関係改善を図りたいという考えを示しており、友好ムードが少しずつだが、盛り上がってきている。

これからの日中関係については、「少しずつ良くなっていく」と重久も感想を語りつつ、同時に中国人社員たちの間の心理にも微妙な変化が生まれつつあると感じている。それは何か？

「中国はもっとこれから伸びるよと。こういう自信に満ちあふれている感じです」

二期目に入った習近平・国家主席は、〝偉大なる中華民族の復興〟を掲げる。黄河文明を産み出し、紙、印刷、火薬、羅針盤（コンパス）なども中国が世界に先駆けて開発したという民族的自負。そうした歴史的資産を持ちながら、近代に入ってからはアヘン戦争（１８４０―１８４２）で当時の清国が英国に敗れ、不平等条約を締結させられ、半植民地化してきた屈辱。清国も倒れた。

そうして中華民国が建国され、次いで、１９４９年に共産主義革命で中華人民共和国の樹立が宣言された。戦後、いろいろな試みに挑みながら、１９７８年、当時の最高実力者・鄧小平によって改革開放路線が採択された。外資の導入や市場主義を取り入れ、１９９２年の鄧小平が上海、広東、重慶な

済で2位の国づくりを実現させてきた。
それに基づく政策によって、さらに市場主義経済を推し進め、今日の世界経
どの都市を回って、さらに経済を発展させようという『南巡講和』を発表。

　最近の中国は、自動車ではすでに世界最大の販売台数を誇るまでになり、電気自動車（EV）で最先端を行くという方針を立てている。大気汚染を防ぐという政策の一環で、トヨタ自動車や米GMなど他国の自動車大手も、中国の一挙手一投足に気配りしなければならない時代に入ってきた。

　さらにAI（人工知能）やすべてのモノがインターネットにつながるIoTにしろ、中国企業の取り込みは早い。こうしたハイテク、最先端分野でも中国は存在感を高めている。

　これら国家レベルでの水準の向上が、国民一人ひとりの意識向上にも陰に陽に影響を与え始めている。そのような意識の変化を、重久は周囲の中国の友人たちからも感じ取っている。

　国と国の関係には微妙なものがある。それを、重久は自分が訪ねる都市の

現場、あるいはエンジニアリングに関連する現場で感じ取ってきた。

中国とインドの対立はすでに触れた。その両者の対立の中で、もう一つの隣国・パキスタンがどう動いているのか。旧首都で大都市のカラチを中国からの使節団が訪問したときの場に、重久も偶然出くわした。

ふだんの会話の中で、例によって、"Do you like Chinese?"と聞くと、いつもはネガティブな反応を示してきていたパキスタンの人たち。しかし、この日の中国使節団を受けいれるときの大歓迎ぶりを見ていると、決まりきった見方をしていては間違えるという思いを強くさせられた。建前と本音を使いわけるということもあるし、国もそして人も、現実を前にして日頃の思いとは別の行動を取るという側面があるということであろう。

コトの正否はともかく、重久の現場主義はこうした国と国の関係を見るうえで徹底している。

自分たちはこうありたいという理想と、目の前で今、起きている現実との間には常に乖離《かいり》がある。現実を踏まえ、一歩でもありたい姿に近づいていくには、「何より忍耐、我慢が求められます。パキスタンの人たちもそうやって生きているのだと」と重久は語る。

おそらく、「“We should be patient.”（忍耐強くやっていこう、そうすべきだ）、という心境です」とパキスタンに行けば、パキスタンの人たちの心情に思いをはせる重久である。こうやって、海外の『現場』を訪ねることによって、自分の知識に新しい現場認識を加え、世界の真の姿をとらえていく。これも、重久の現場主義の生き方である。

余談だが、パキスタンとも親交を結んだ重久は、同国の某大臣から、馬の像をプレゼントされた。親交が深くなり、当時のパキスタン大統領が訪日するお膳立てを重久がやり、その訪日を実現させたことがある。

パキスタンの立場に立てば、中国やインドに気をつかい、そのためには少し遠く離れた日本との関係も保っておきたいという心情。そういうパキスタンのためになることを提案していこうという重久の思いがそこにはあったということである。

第7章

先を読むことの大事さ、日本の役割をどう考えるか

——日本の知識やノウハウを世界は学ぼうとしている——

世界の変化は早い、どう先を読んでいくか？

混沌とした状況の中で、どう先を読み、どう行動していくか——。

前の章で、アジアの台頭、なかんずく中国と台湾、シンガポールなどを含めた中華圏の存在感の台頭について触れた。〝アジア繁栄ゾーン〟とでも言うべき地域の台頭である。この中に豪州やニュージーランドなどオセアニアの一部も入ってくる。

もう一つ、重久はこれからの世界で伸展、成長する潜在力、可能性を持っているのが北アフリカだということを強調する。エジプト、チュニジア、アルジェリアなどいわゆるマグレブ諸国と呼ばれる北アフリカは石油、天然ガスなどが豊かで資源国が多い。古代から、ローマ帝国との関係が深く、近代に入ってからはフランスやイギリスが宗主国となり、主権を抑えられてきたという歴史をたどった。

戦後、次々と独立を果たし、新しい飛躍を図りたいと努力してきている。

しかし、紆余曲折を経ているのが現実である。

そういう中で、これらマグレブ諸国の指導層の中には、日本の明治維新の意義を学び、新しい国づくりの模範にする所も出てきている。重久自身、「メイジイシン」と日本語でいわれて、明治維新が遠く離れた北アフリカにまで知られているのかとびっくりさせられたことがある。

アフリカは広い。サハラ砂漠で北アフリカとそれ以南のサブサハラ・アフリカとに分けられるが、サハラ以南の地域にもその潜在力はある。アフリカの可能性に重久もいち早く着目してきた一人である。


重久はあるとき、アフリカの地図を机の上に広げながら、筆者にこう切り出してきた。

「村田さん、北アフリカの国々の国境線を見てください。ここもタテに真っすぐ、こちらも真っすぐ。みんなフランス、イギリスなどのヨーロッパ人たちが進出してきて、ここの土地は俺たちが貰うよと決めていった。北アフリカはそうした歴史を背負っています」

北アフリカはアラブ圏でありイスラム教の浸透が強い国々。エジプト、リビア、チュニジア、アルジェリア、モロッコといった国々がそうで、これらの国々はマグレブ諸国ともいわれたりする。

そしてサハラ砂漠から以南のいわゆるサブサハラ・アフリカの地域を地図上で指さしながら、「今、このサブサハラ・アフリカがアジアに次いで成長率の高い地域です」と重久は語る。

資料①（ＩＭＦ＝国際通貨基金調べ、WORLD ECONOMIC OUTLOOK April 2016から）を見ると、アジア（開発途上国）の成長は２０１０年に年率９・６％と高い数値を出し、以降、７・８％と下がりながらも、12年から６・９％を16年の６・４％まで６％台を達成。またサブサハラは10年に年率６・６％をつけた後、ほぼ５％台を続け、15年に３・４％、16年に３・０％と低下したものの、再び４％台、５％台をうかがう成長である。

内戦、民族紛争とか争いごとがいまだに続く国や地域も確かにある。た

■サブサハラ・アフリカの地図

■サブサハラ・アフリカの経済成長率

サブサハラ・アフリカはアジアに次いで成長率の高い地域となっている。

	2010	2011	2012	2013	2014	2015	予測		
							2016	2017	2021
アジア（開発途上国）	9.6	7.8	6.9	6.9	6.8	6.6	6.4	6.3	6.4
サブサハラ・アフリカ	6.6	5.0	4.3	5.2	5.1	3.4	3.0	4.0	5.0

出所：IMF WORLD ECONOMIC OUTLOOK April 2016 をもとに作成

だ、五大陸の中で、最後の潜在力を持った地域として、また石油、天然ガスや鉱物資源など資源エネルギーを活用しての経済成長の余地が残されているということである。

「サブサハラ・アフリカの国の数は今、49カ国です。国数でいえば、世界（196か国）の約4分の1であり、面積では世界の5分の1を占めている。可能性がある地域なのです」

重久は2016年来、名誉顧問を退任、日揮を去るとき、このサブサハラ・アフリカの潜在力、可能性を説いて回った。「後輩のみなさん、よろしく頼みますよ」という重久のメッセージである。

こうしたサブサハラを重久は何度か訪ねている。

例えば、モザンビーク。南アフリカの北部に位置し沿海部にあるが、ここは以前ポルトガルの植民地だった。1975年に独立。天然ガス、石炭など資源にも恵れているが、77年から92年まで内戦が続いた。その内戦も今は終わり、95年に英連邦に加盟し経済成長を図っている。

「モザンビークはポルトガル語で、英語は通用しないし、フランス語も通用しない。とにかく英語は世界共通のランゲージとして、わたしはここで懸命に話したのだけれども、わたしと一緒に乗ってくれた、英語も分かる運転手にしか言葉が通じなかったですよ」

モザンビークとは海を隔てて、東側のインド洋上に浮かぶマダガスカル。ここも60年にフランスから独立、自然豊かな土地に農業も盛んだ。

「マダガスカルは二泊しただけで観光したみたいなものですが、良いところという印象を受けました」

サブサハラで重久の印象に残っているのはナイジェリア。アフリカ中央部の西部で大西洋に面した国。ここは旧宗主国がイギリス。60年10月イギリスから独立。石油、天然ガスの産出国。人口はアフリカ最大の1億7400万人（2012年統計）を抱え世界7位である。

ここナイジェリアでは、日揮は米国のエンジニアリング大手、KBRとサムスン重工業（韓国）、と提携してエネルギー開発関連の仕事を手がけた。

「ナイジェリアもかつては英国の植民地。ここでは英語が通用します」

こうした歴史をアフリカ諸国は18世紀、19世紀から背負い、欧州各国による植民地支配は20世紀前半まで続いた。

日本自身はというと、明治維新（１８６８）で近代国家の仲間入りし、欧米に追い付け、追い越せで官民一体となって踏んばり、欧米の先進国と肩を並べるまでになった。

そうした日本を模範にして、国づくりに取り組む途上国のリーダーも少なくない。「アルジェリアの指導層の中にも、『メイジイシン』という言葉を使って話をする人もいます」と重久も語る。先進7か国（米国、英国、ドイツ、フランス、イタリア、カナダ、そして日本）という括《くく》りに、アジアから入っているのは日本だけである。

もっとも、２０１０年にＧＤＰ（国内総生産）で日本は中国に抜かれ、米国、中国に次ぐ世界3位の経済国という位置付け。人口13億人を擁し、経済力、軍事力共に力を付けてきている中国。そして中国以上の人口で14億人ともいわれるインドのここへきての経済成長にも目を見張るものがある。

世界の勢力図は年々変化していく。こうした世界の変化の中で、日本の立ち位置をどう構築し、その役割と使命をどう果たしていくか。これからの日本の大きな課題である。

日本はどういうビジョン（構想）で臨み、世界との共存共栄を図っていくか——。

先の大戦での敗戦からの復興に際しては、日本国民の勤勉性、誠実という長所を存分に発揮し、今日までやって来た。エンジニアリングを自らの天職に選んだ重久は自分たちの生きざまを『利他主義』とし、"Give, give, give and take."という信条にまで昇華させてきた。

相手がどういう境遇やポジションにあり、どんな社会を築こうとしているのかをよく考え、それにふさわしい事業構築をしていく。そして納期は相手と約束したとおりに実行していく。たとえ環境が変わっても、また不測の事態が起きたとしても、約束したことときちんとは守るというのが自分たちの生き方であり、やり方であるという思い。

こうした日本の生き方を世界のほとんどの国は評価しており、「日本が期待されるものは大きいんです」と重久は自らの体験を踏まえて語る。

日本全体で情報発信していくことの大事さ。もっと国も、そして企業も個人も"Speak Up"していこうという重久の呼びかけである。

第8章

自らの人生は自らの手で切りひらく！

――同時に、人と人のつながり、人の縁を大事にして――

大学時代に米軍将校に習った英会話、それがのちに「海外」開拓で役立つ

「事業で大事なのは、『先を見る目』と『人を見る目』。この二つの力を持つことができたのは、死ぬほど苦労をした人生を送ってきたからだと自己分析しています。その苦労の中で生き抜くために、命懸けで取り組んできたんです」

自らの人生は自らの手で切りひらく――。人生は変化の連続。時に試練や災厄が振りかかってくる。それから逃げず、何とか知恵をひねり出していく。また、人と人のつながりの中で協力し、連携し合って問題解決への道筋をつけていくという人生観であり、事業観である。

重久は1933年（昭和8年）11月18日生まれ、宮崎県出身。57年（昭和32年）慶應義塾大学文学部英文科を卒業。東京・日本橋蛎殻《かきがら》町にあった石油製品販売の田安商事に約3年在籍した後、61年（昭和36年）日本揮発油（現

日揮）に入社。ここで、学生時代に培かった英語力が買われることになる。同社初の海外事務所となる韓国・ソウルの初代事務所長として赴任。（昭和40年）。海外市場でいろいろノウハウを蓄積しながら、同社はマレーシア、中東、アルジェリアなどの北アフリカ、南米、豪州、米国と事業の場を広げていくことになる。その礎石を作ったのが、同社初の海外事業所となるソウルでの体験であった。

香港、韓国の後も海外の現場を自分の足を使って訪ね、人と人のつながりを築き、日揮を売りこんできた。84年取締役に就任。

そして86年常務、89年（平成元年）専務国際事業本部長、92年副社長を経て96年（平成8年）社長に選ばれた。２００２年会長に就任。09年から約7年間日揮グループ代表を務め、世界のトップら要人との交流に当たった。16年6月から同年末まで名誉顧問を務めるという足取り。

世界の未来をつくるのがエンジニアリングの仕事として、文字通り世界を飛び回ってきた。世界には１９６カ国があるが、重久が訪ねた国々は１００

カ国以上。強靭な体に支えられて、80歳を越えても、機中泊をいとわず、世界の隅々まで飛んでいき、現地スタッフを激励しプロジェクトを推進。

生まれ変わっても、「またエンジニアリングを自分の仕事にしたい」という気持ち。だから、『一所懸命』に働くことが大事という考えにつながる。入社して55年間在籍した日揮を去るとき、重久は『イノベーション』(Innovation)という言葉をメッセージとして選び、グループ関係者に伝えた。

「イノベーションは開発していく、新しいものを創っていくということだと思います。わたしが会社を辞めるときにオフィスの各階を回って、みんなが集まっている所で言ったのはビジョン(Vision)、イノベーションという言葉でした。製油所やLNG(液化天然ガス)のエンジニアリングとコンストラクション(建設)だけでなく、ビジネスをイノベートしていく。分かりやすく言えば、新しい事業、ビジネスを開発していくということです」

構想力を働かせ、相手が今置かれた状況をよく考え、課題解決のための提案を行っていく。それには、「何か人様の真似をするのではなく、自分の頭の中で一所懸命考えてやっていくことが重要」と重久と訴える。

そのためには、何が必要か？

「若いうちから海外に出ていく必要があります。ロシアでも、イランでも、サウジアラビアでも、アフリカや南米のどこの国でも、いろいろな国に行き、そこで先輩たちが契約を取り、そして進めてくれた仕事を一所懸命にやる中で、その国の人たちのことをよく学び取ることが大事なのです」

自分の一生の仕事を見つけ、そこで一所懸命に働くということはある意味で幸福な人生。もっとも、今は、ステップ・アップといって、転職していく人たちも少なくない時代。そういう人たちも、現在居る職場で一所懸命に働き、成果をあげられているからこそ、他社からスカウトされたりして転職していく。一所懸命は何も転職と矛盾するものではない。

ともあれ、重久はエンジニアリング事業の持つ潜在力、可能性、奥の深さに魅力を感じ、この仕事にのめり込んできた。

英会話の牧師たちと富士山に登頂（前列右端）

先述のように、世界の秩序づくりを担った大英帝国にエンジニアリングの思想、考え方があったということ。世界の未来づくりに貢献する、つまりEngineering the Futureという言葉はグローバル時代を生き抜く者にとって共通したコンセプト（概念）であろう。

エンジニアリング人生を送ることになった重久の人生の原点は大学で英文科を選び、そして英会話を身につけようと、学生時代に米国人にネイティブな英語を学んだこと。ここが出発点となり、日揮に入社して間もなく、海外市場開拓を命ぜられる。大学卒業は１９５７年（昭和32年）で、日本の敗戦から12年が経とうとしていた。

日本は敗戦で焼け野原になり、そこから復興を図り、みんな懸命に働いた。朝鮮戦争が50年に起き、いわゆる朝鮮特需もあって日本の景気も上向きになるなどして、56年（昭和31年）には当時の経済白書が『もはや戦後ではない』というフレーズで日本国民を元気づけたことがあった。

重久は大学生時代（１９５３春―１９５７春）に、大学で教えるのは英文学であって英会話ではないとして、英文学は大学の講義で修めながら、英会話を修得しようと東京・銀座の教室に通った。

ここで教師を務めていたのは、日本に駐留していたテキサス出身の米軍のオフィサー（将校）。その将校は教室に入ってくるなり、"What's new today?"と質問してきた。

重久は、「何か新しいこと？　と言われても……」と口ごもり、「ええと、ええと、I get up at 7 o'clock in the morning.（今朝は7時に起きました）

と答えると、「Hey boy（ヘイ、ボーイ）」と返されて笑われたりしましてね。これは今でも忘れられません」と当時の珍問答を懐しげに振り返る。

「『何か、新しいこと？』とわたしも最初は戸惑いましたが、それは、『今日は何か変わったことがあったかい』という問いかけだったんです。本物の、生きた英語を学んだ最初ということで、今でも忘れられません」

継続は力なり――。その後、1年半ほど英会話教室に通ううち、だんだん英会話に耳慣れし、話しかけるのも楽になってきた。教室に通っている人たちに声をかけ、教師の米将校にも、「先生、日本にいるのなら、Mount Fuji, 富士山に行くべきです」と提案した。その将校も、「そうだね、日本で一番大きく美しい山、Mount Fujiだな、よし行こう」と賛成してくれた。

富士登山はきつかったが、途中、ワイワイとみんなでしゃべりながら富士の頂上まで登ったのはいい思い出だという。

重久の人柄は明るく、だれにも話しかけられる性分で友の輪が広がるタイプ。この人となりが、後にエンジニアリングの世界に飛びこみ、海外で仕事の輪を広げていく際に大いに役立ったことは想像に固くない。

一つ、おもしろいエピソードがある。重久がこの英会話教室で学んだのはテキサス出身の米軍将校だったと紹介した。いつしか、重久にもテキサス訛《なま》りが染みこんでいったのか、見知らぬ米国人に話しかけたりすると、「君はテクサン（Texanテキサス出身）か？」と聞き返されたという。

大学を卒業したのは1957年（昭和32年）春。神武景気（1954年12月―57年6月）が終わりかけ『鍋底不況《なべぞこ》』に入ろうというときで就職は厳しかった。『鍋底不況』とは1957年7月から58年6月にかけて起こったデフレーション現象。こうした状況下での就職は難しく、「特に文学部の学生の就職口はない」といわれた時期だった。

しかし、英会話力を学生時代に身につけたことがのちのち役立った。何か一つ、自らの得意技を身につけることがいかに大事か。三百代言的な言い方をすれば、重久にとって、大学時代に銀座での英会話教室通いがなければ、日揮という会社で海外事業を開拓する仕事にも縁がなく終わったかもしれない。一所懸命に自分のやるべきことに打ちこむことは、こうした形で実っていくことになる。

当時の実吉社長から、「海外の仕事を開拓せよ」と命じられて

1961年(昭和36年)、重久が当時の日本揮発油に入社したときの日本は、戦後復興を経ていよいよ高度経済成長に入っていくという時期。池田勇人内閣は『所得倍増政策』を打ち出し、経済成長に国民の目は向けられていった。

前年の60年(昭和35年)は日米安全保障条約が改正され、新しい日米安保体制が構築されたが、『安保反対』と叫ぶ野党勢力と保守政党との間に深いミゾができた。国民の間にも亀裂が入り、そうした政治状況から脱したいという思いも多くの国民の間にもあり、時の政権も経済成長に軸足を移していった。

産業界も、自分たちの飛躍を図るときだとして、成長の機会をつかもうと懸命。この頃、新聞などのメディアにも、日本経済を牽引《けんいん》するものとして、『設備投資』や『輸出』という言葉がおどっていた。

「もはや、戦後ではない」――。当時の経済白書がこう高らかに謳《うた》いあげたのは先述したように、1956年（昭和31年）であった。日本揮発油も大きく飛躍しようとしているときであり、人材を募集していた。

「日本揮発油という会社が人を探しているよ」という話をしてくれたのは妻・圭子の兄であった。

宮崎市出身の重久は、県内屈指の進学校・宮崎大宮高校を卒業。現役での大学受験に失敗し、東京大学を志望して上京、予備校に通う浪人生活を送る。京王線下高井戸駅に近い所に下宿を決め、同郷の友人と相部屋に励むことにした。

同じ下宿に、圭子もおり、「隣部屋の人」と大家に紹介されたのだが、重久によると、「一目惚れ」してしまった。圭子の父は戦前、満洲（現在の中国東北部）に渡り、南満洲鉄道（満鉄）の吉林鉄道局で働いていた。圭子は吉林高等女学校に在学中、終戦を迎えた。一家は引き揚げ組である。圭子の父親はＧＨＱ（連合国軍総司令部）に翻訳官として勤めており、圭子は東京で女学校を卒業後、会社勤めをしていた。圭子の兄と同じ下宿に住み国立博物館に勤務していた。

圭子は、大家の頼みで、下宿人の食事の世話もしていた。食事どきは、大家夫婦、下宿人の重久を含めた三人の学生、そして圭子と兄の7人が食卓を囲む。こうして身近に暮らしているうち、重久と圭子は恋仲になり、重久も学業に身が入らなくなった。東大受験は諦めた。このことを知った宮崎の両親は怒ったが、どうしようもない。慶應義塾大学文学部に入り、卒業して社会人になってから、二人は結婚にこぎつけるといういきさつ。そういう経緯があって、圭子の兄も、重久に、日本揮発油の人材募集の話を聞きつけ、教えてくれたのである。

自らの人生は自らの手で切りひらく。これは基本にあるわけだが、人と人のつながり、人の縁がその選択に微妙に関わってくるのもまた人生。まさに、人の縁とは不思議というか、味わい深いものがある。

重久が、下宿先を高井戸に選ばなかったら、圭子と出会わないし、また兄とも知り合いにならなかった。その兄が日本揮発油の件を持ち込まなかったら、重久の日揮での人生もなかった。重久のエンジニアリング人生もなかったであろうし、重久は別の人生を送っていたであろう。

「生まれ変わっても、もう一度、エンジニアリング人生を送りたい」とエンジニアリングに打ちこみ、それを天職と思うほどに〝惚れこむ〟ことになるのも、妻の兄の情報があったからである。重久が、人と人のつながりを大事にするのも、こうした原体験があるからだ。

日揮入社を「選択」するまでの経緯
——環境変化の中を懸命に生きる!

日揮はわが国を代表するエンジニアリング会社に成長発展。海外では『J

GC』という英文名で知られる。JGCとはジャパン・ガソリン・カンパニー（Japan Gasoline Company）の頭文字を取っている。日揮の元の社名、日本揮発油からJGCという英語表記になっている。

日本揮発油という名が示すように、同社はもともとエンジニアリング会社として出発したわけではなかった。

1928年（昭和3年）創立時の設立趣意書には「価格低廉で供給豊富なる重油を輸入し、価格最も高き揮発油（ガソリン）に変成し、国内の需要に応じる」とある。

これから需要増が見込めるガソリン事業に着目し、今で言う付加価値の高い事業を目指すという当時の経営陣の意気込みが感じられる。

現在の社名・日揮はこの日本揮発油を短かくさせたものであり、海外で使われるJGCも英語表記のジャパン・ガソリン・カンパニーの頭文字を取って、そのまま受け継いできている。

ガソリンはどうやって精製されるのか？

ふつうはガソリン、軽油、重油などの石油製品は原油を蒸留する際の各成分の沸点の違いを利用して精製していく。最後に残る重油の中にもまだガソリン成分が含まれている。単純な蒸留ではこのガソリン成分を取り出せない。そうしたときに、ある米国企業が重油からガソリンを製造するプロセスを考案。

当時の日本揮発油関係者は、これに着目、そのプロセスの独占使用権を取得し、日本国内での事業化を考えた。実際、大阪に工場予定地を確保したが、会社設立の翌年（１９２９）、世界恐慌が起きて計画は頓挫。世界不況は続き、そして第二次世界大戦の勃発、日本も対米開戦（１９４１）となり、日本全体が戦争の波にのみこまれていった。

日本揮発油も時代の波に翻弄されたわけだが、戦後は生産設備をつくる会社として再スタートを切っていた。

歴史に、イフ（if）はないといわれる。しかし、もしかして、日本揮発油が創業目的のとおりに、重油かガソリンを精製する事業会社として事業が順調にきていたとすれば、今のエンジニアリングとしての日揮はなかったかもしれない。

人にも、また企業にも運命を分ける瞬間がある。重久にも大学受験の失敗、浪人生活、そして恋愛、結婚、さらには日揮に入社するまでの幾つもの『選択』があった。人生模様とはある意味不思議なもので、若いときの浪人という挫折があったからこそ、圭子夫人との出会いがあり、その兄の情報で日揮入りができたという道筋。

日揮という会社も、当初目的のガソリン精製が世界恐慌や戦争で不可能となり、エンジニアリング事業に切り換えた。その転換の『選択』があったからこそ、今日、世界有数のエンジニアリング大手・日揮＝ＪＧＣがある。

環境は変化するし、日々、変化していく。要は、その変化にどう対応して、生き抜くかということ。『種の起源』を著わしたＣ・ダーウィンの分析によれば、生き抜く生物は決して強いものではない。環境変化に十二分に対応していけるものが生き残ることになる。

『一所懸命！』――。重久が〝私のモットー〟にこの言葉を掲げ続けているのは、周囲の環境は常に変化するという現実の中にあって、今という瞬間を懸命に生きていくことが大事と捉えているからである。

第9章

海外市場開拓に挑戦、失敗も踏み台にさらに挑戦へ

海外市場の開拓に、生き甲斐を感じて

生き甲斐を感じるときは、どんな時か？　もっと言えば、人は何のために生きるのか、また、何のために働くのかを自問自答し続ける日々。『過去とのつながりの中で、『現在』があり、その『現在』を懸命に生きることで、『未来』を少しでも確かなものにしていくという人生は、そうした営みの連続だと言っていい。

重久の日本揮発油入社は1961年（昭和36年）1月のことだが、旅員番号は579番。これは創業以来、一人ひとりに割り振られてきた番号。その頃の日本揮発油は中小企業を脱し、ようやく中堅企業の領域に入ろうかというときだったが、社内は活力にあふれていた。

1960年代は日本がまさしく高度成長の波に乗ろうとしていたとき。国内はモータリゼーションが始まり、石油（ガソリン）への需要も伸びていた。日本石油（現JXTGエネルギー）や出光興産など石油元売り各社は製

油所の新設を各地で進めていた。そして日本揮発油は石油や石油化学関連のプラント建設の受注で事業も拡大し始めていた。人手も必要だった。社内は前向きの空気に包まれていた。

重久も仕事のやり甲斐を感じていた。自分がやりたい海外での仕事につながっていくような感じもあったから、なおさらそうであった。

当時、日本揮発油の本社があったのは東京・大手町。東京駅にも近い新大手町ビル内にオフィスがあった。今、大手町は超高層ビルが建ち並び、当時とは景観や様相が一変しているが、三菱地所が運営する新大手町ビルはそのまま。有力企業が入居し、日本経済の推移を見守ってきたオフィスビルだ。現在、日揮の本拠は横浜・みなとみらいにある横浜本社だが、東京本社のオフィスは今も新大手町ビルに構えている。

重久が配属されたのは営業部第5課。課長を含めて課員は3人しかいない小世帯だったが、第5課の業務は海外営業の開拓が任務。いわば、会社の『未来』を切りひらく役割である。

重久が入社した頃の日本国内は製油所建設、石油化学プラント建設があいつぎ、いくらでも仕事があった。鉄鋼や化学、機械などいわゆる重化学工業で日本経済の飛躍を図るという重化学振興策が政府の手で取られていた。国内で手一杯のときに、当時実質オーナー社長であった実吉雅郎《さねよしまさお》はすでに、その先を考えていた。実吉は、入社したばかりの重久を呼び、次のように言った。

「君は英語ができるそうだね。会社はこれから海外の仕事を手がけていく考えだし、どんどん開拓していってくれ」

先を読む——。実吉社長の「どんどん海外の仕事を切りひらいてくれ」という言葉に重久も触発された。新入社員の頃で、海外の仕事はおもしろそうだ、やり甲斐があるなと感じるということであったが、経営者に必要な『先を見る目』がこの頃から涵養《かんよう》されていたのかもしれない。

実吉社長は、国内の仕事で今は手一杯で実際、会社は成長しているのだが、それもいずれは成熟してくるという見方をしており、海外市場を次の仕事場として見据えていた。それで、海外市場の開拓というミッション（使命）をわずか3人の小世帯である『営業部第五課』に与えたのである。

香港での受注に成功、同社初の海外事業となる！

社長が新しいミッションを与えたから、『営業部第五課』が意気揚々としているわけではなかった。どんな組織にもあり得ることだが、既存のやり方とは違う新しい領域を手がけることには、一種冷やかな視線が周囲から注がれる。お手並み拝見とか、芝居やドラマを見ているような雰囲気であったりする。場合によっては、自分たちの仕事の邪魔だとして妨害される場合もある。

『営業部第五課』もそんな視線を周囲から感じるポジションにあった。しかし、そんなことでひるむ重久ではなかった。

何とかして、海外の仕事を取ってこようと、かけずり回っていた。あるとき、米石油メジャーの一角、モービル石油の日本法人を紹介してくれる人がいた。モービル石油はロックフェラー財閥の元を築いたスタンダードオイルから分かれた石油メジャー。石油開発から採掘、精製そして物流、販売と川上分野から川下分野まで手がけるビッグビジネス。今はエクソン社と経営統合して、エクソンモービルになっているが、当時も世界の石油産業をリードする超大企業であった。

これら石油メジャーはすでに明治時代から日本に進出し、大戦中は別として、戦後も営々と日本国内でビジネスを続けていた。また日本のみならず、東南アジア地域でも活動していた。

モービル日本法人のオフィスも新大手町ビルの中にあった。重久は同社を訪ね、テキサス訛りの英語で関係者に積極的に話しかけていった。日揮はこんなエンジニアリング会社でかくかくしかじかの技術を持っていると説明し、海外での仕事を拡大したいと考えていると売りこんでいった。

そのうち、モービル日本法人のトップに会うチャンスがあった。そのトップがモービル香港法人を紹介してくれ、香港行きの機会を得た。

香港を第一歩に海外市場を開拓

入社2年目のことであった。生まれて初めて飛行機に乗り、香港へ出張。当時の香港の飛行場は高いビル群に囲まれた啓徳空港《カイタック》。近くに山がせまり、高いビル群を縫うようにして、飛行は着陸していく。この頃、初めて香港を訪れる人はスリルを味わっていたが、重久もこの初出張のときの光景は今でもよく覚えているという。

翌日、モービル香港法人を訪問。通された部屋には、テーブルをはさんで、先方は5、6人が並んでいた。

英語によるプレゼンテーションが始まったが、本人はとにかく必死になって、日揮は石油関連設備で豊富な経験とスタッフを持っていると説明した。説明し終えて、相手方の表情を見ると、確とした手応えが感じられなかった。ただ、「検討してみる」という相手方の発言に望みをつないで、その日は帰った。

翌日、モービルのオフィスを再訪。すると、いきなり、「君の会社はLPG（液化プロパンガス）タンクはつくれるか？」という質問を受けた。LPGは常温高圧で液化させた石油ガス。家庭用にも使われ、LPGのボンべはよく見かけるが、当時、産業用の利用としてはまだ開発間もない頃で、日本揮発油がその設備を取り扱っているかどうかなど、入社2年目の重久には分からなかった。

しかし、ここで躊躇《ちゅうちょ》したり、俊巡したりすれば、相手に、「これは自信がないな」と見破られてしまう。そこで、平然として、“Why not?”（当たり前だろ）」。本人によれば、「口が勝手にしゃべっていた」となる。

営業の取引は、売り込む側の気合や意気込みで決まる。顧客が求めることには何でも応えようという熱意が大事。このときも、立派なＬＰＧプラントを作ってみせるという重久の思いで、受注を実現させたのである。

しかし、帰国してからが大変であった。そのとき日本揮発油にとって、ＬＰＧタンク作りは経験がなかったし、設計部門からは「勝手に受注してきて……」と怒られる始末。そこを拝み倒し、協力会社も説得して見積もり書をつくり、正式受注にこぎつけた。

日本で半年間かけて設計し、施工会社の関係者と香港に乗り込み、建設に着手し、ＬＰＧタンクを完成させた。達成感にも大きいものがあった。初めてのことにチャレンジすることは、いろいろな課題があるし、障害もある。それを一つひとつ乗り越え、関係者と話し合い協力を求めていく。この香港での受注は、重久にとって、Ｅ（設計）、Ｐ（機器調達）、Ｃ（建設）を回していく上で貴重な原体験となった。

これは、重久にとって、忘れられない海外での初仕事になったのみならず、日揮の海外事業の嚆矢《こうし》となり、先駆けとなるプロジェクトに位置づけられるという意味で非常に意義深いものとなった。

もっとも、海外市場の開拓がそう簡単にいったわけではない。

モービル香港法人と取引ができたことをきっかけに、モービルの本拠・米国へ乗りこんでいったときの話。世界の石油ビジネスをエクソンと並んで仕切るだけの力を持っていたモービル本社はニューヨーク郊外に大きなオフィスビルを構えていたが、経済の中心地・ニューヨークにも立派なオフィスを構えていた。

重久は、同僚と一緒に、モービルのニューヨーク事務所を訪ねていった。このときの面談の相手は、モービルの部長クラスの人物であったが、二人の英語が全く通じず、往生するという一幕。

「わたしと、わたし以上に英語ができる岡田君というのを連れてニューヨークに行きました。岡田君、ここがニューヨークだな、この街はすごいなって二人で話し合ったのを覚えているんです。モービルオイルは、ニューヨークにもオフィスを持っていたけど、実際の本社はタクシーで一時間以上かかった郊外のほうにあった。その本社はタクシーで行ったんですが、何て大きいビルだろうと、びっくりさせられたのを今でも覚えています」

モービルの部長と会ったのはニューヨークのオフィス。その部長が早口で一気にしゃべってくる。重久は十分に聞き取れず、隣の岡田の顔をのぞくと、岡田もキョトンとした風情。

仕方なく、重久は、"I beg your pardon?"と言い、もう一度説明してくれないかと頼んだ。すると、先方は、また同じスピードと調子で勢いよくしゃべる。同じセリフを言っているのだろうが、全くこちらは分からない。また、"I beg your pardon?"を真剣な顔をして繰り返す。先方が同じ言葉でしゃべる。

まだ、聞き取れないというか、先方が何を話しているか全く分からない。焦せりを覚えたが、こちらも必死である。三度目の"I beg your pardon?"を繰り返したら、とうとう相手は癇癪《かんしゃく》を起こしてしまった。「何しに来たんだ！」といった調子で、話はそれっきりになってしまった。

意気揚々とニューヨークに乗り込んでみたものの、結局、面談は失敗に終わった。その帰りに、タクシーを拾って、郊外のモービル本社を見に行って、そのまま帰ってきたという結末。苦い思い出である。

この話には後日談がある。そのモービルの部長とはその後、コミュニケーションルートを作って、じっくり話し合える間柄になった。一年後に、日本揮発油はフィリピンにエンジニアリングの会社を設立するが、そのフィリピンの会社の初代社長にならないか、と件のモービルの部長に話を持ちかけた。

フィリピンは1899年の米西戦争で米国がスペインに勝って統治した国。第二次世界大戦後の1946年独立したという歴史的経緯もあって、英語が通用する国。フィリピンで仕事を始めるのならと、フィリピン子会社の初代社長にとその部長をスカウトしようと思ったのである。

先方の答は、「イエス」。前向きに仕事に取り組んでくれた。一年前、ニューヨークで〝喧嘩別れ〟になっただだが、それを奇貨として、と言うと変だが、喧嘩したから仲良くなる方向へ持っていくというのが重久流の人づき合いの一つでもある。

喧嘩したから駄目になる、ではなくて、喧嘩したから仲良くなるという生き方。その部長はフィリピンでの仕事が楽しくなったという感じで業務に打ち込んでくれた。国を超えて、重久が言う『心の積極性』を持っている者はどんどん業績を上げていく。

「アッという間に、彼はフィリピンが好きになってしまった。わたしがフィリピンに出張したりすると、この社長が大歓迎して、一緒に食事したり、喫茶店でお茶を飲んだりしました」

このエンジニアリング会社は、フィリピン最大のエンジニアリングを営む事業に成長した。現在は、現地の人が社長を務めている。

現地のことは現地に聞け、とよく言われる。フィリピンでの仕事をどう進めてきたのか。

「バイ・フィリピーノ（フィリピン製品を買え）です。このことに一生懸命、プレッシャーをかける国ですね。これは今でも変わりません。我々フィリピン人を大事にしろ、我々フィリピンの製品を使えと。あちこち、フィリピン国内に行ったので、よく覚えていますが、まさにバイ・フィリピーノですね。今も状況は同じだと思います。インドネシアも同じです」

インドネシアといえば、華僑の存在感が高いことでも知られる。華僑はこのインドネシア、タイ、マレーシア、シンガポールなどＡＳＥＡＮ（東南アジア諸国連合、10か国）を中心に世界で５０００万人とも６０００万人ともいわれるほどの規模でいて、強力な人的ネットワークを形成、中華圏経済をはじめ、各地での経済運営に大きな影響力を持つ。

「はい、華僑ともずいぶん付き合いました。商売がうまいというのが実感です。この華僑の人たちとの付き合いも踏まえて、世界で一番商売がうまいのは中国じゃないですか。インドネシアでの経験、フィリピンでの経験、マレーシアでの経験、ロシアだけは別ですが。アフリカでの経験を重ねてきてみて、やはりチャイナ（中国）という印象を強く持ちますね」

　中国、あるいは中国の人たちの強さとは何か？

「要するに、頭の中が広いということです。生活する場がどこの国であろうと自分の生活の向上を目ざす。もっといえば、自分が金持ちになるのだったら、どこでも生き抜く強さ。そんな感じすらします」

　改めて、中国という国との関係づくり、間の取り方を含めて、考えさせられる今日の世界状況。特に日中両国は、引っ越しの出来ない間柄であり、歴史的にも長い交流を背負ってきている。中国とどう向き合うかは常に重要な課題である。

第10章

『アジアの時代』が到来し、台頭する中国とどう付き合うか

習近平・国家主席が掲げる『一帯一路』構想とその世界的影響

中国の世界全体に対する影響力は増している。習近平・国家主席が掲げる新シルクロード経済圏構想の『一帯一路』もその一つ。

シルクロードといえば、マルコポーロの『東方見聞録』で中国や中央アジアなどヨーロッパとの交易ルートとして知られる。陸上の交易ルートである。今の『一帯一路』は南シナ海やインド洋、アラビア海などを通るルート、海上ルートも設定される巨大な経済圏構想である。

陸路にプラス海上ルートが付け加えられているということにシルクロードのイメージとはかけ離れていると思う向きもあるかもしれないが、中国ではかつて明の時代に南洋、インド洋に向けて大艦隊を出した歴史がある。

鄭和《テイワ》。明の時代に永楽帝に仕えた宦官《かんがん》。本姓は馬で雲南省昆陽の出身。イスラム教徒で宦官に引き立てられた人物。1371年生まれで1434年頃に没したといわれる。この人の名が後世記憶されるのは、永楽帝の命を受けて大艦隊を率いて、南洋・インド洋へ向け、航海に出たこと。

１４０５年から１４３３年の間に都合7回遠征したといわれる。各国・地域と交流しながらの遠征、遠くは東アフリカまで達した。東アフリカといえば、ケニア、タンザニアという国があり、これらの国々だけでなく、アフリカ全体と今、中国は経済面だけでなく、外交・安全保障、社会のあらゆる領域で交流を進めている。そして各地に中国人社会が形成されつつある。

話を元に戻すと、東アフリカの沿岸国の沖合いの海底では今、その昔中国で作られた陶器類が発見されることがある。鄭和の大艦隊のうちの船が嵐などに出会い、難破し、交易のために船に積んであった陶器類がそのまま海の底に沈んだのではないかなど、ロマンを誘う推察もなされるが、それほどまでに中国とアフリカの古い関係を示唆する話である。

そうした歴史的な出来事に思いをいたすとき、今の中国から、『一帯一路』構想が打ちあげられるのも不思議なことではないようにも思える。

こうした中国の存在感の高まりにどう対応していけばいいのか――。

毎年1月、スイスのダボスで開かれる『世界経済フォーラム』。通称ダボス会議といわれ、世界の政治、経済の首脳が集まり、情報発信する場として知られる。その国のリーダーが今、何を考え、どう行動を起こそうとしているのかを知る交流の場である。

日本のリーダー、ことに経済リーダーの間でも、このダボス会議に出席する人たちが増えて、そのときどきのテーマを話題にすることが多くなった。

その『世界経済フォーラム』にならってというか、対抗するような形で中国が打ち出しているのが、『ボアオ・アジア・フォーラム』である。

アジア域内での政治、経済、文化交流を進めようという会議で、毎年、中国南端のボアオで開催されている。２０１８年4月にも開催された。

ここでも、第2期目の国家主席に選ばれ、権力集中が進む習近平・国家主席が挨拶に立った。同フォーラムに参加した日本側の某経済人によると、「習近平氏の自信に満ちた立ち居振る舞いが印象的だった」という。

重久も、この『ボアオ・アジア・フォーラム』に何回も出席。日本経団連（日本経済団体連合会）の一員として他の経団連首脳と一緒の行動。このフォーラムの議長にはこれまで福田康夫・元首相が議長を務めるなど、日中両国の友好に注力してきたリーダーも参加するなどして、日本の存在感もそれなりに発揮。

数年前のフォーラムで、重久は習近平・国家主席と握手する機会があった。JGC中国のリュウ社長がその場を設定してくれた。「ニイハオ（こんにちは）という簡単な挨拶でのやり取りを交わしただけだったが、間近で習近平・国家主席と接する機会があることに、重久にとっても感慨深いものがあった。

思えば、日揮に入社して翌年（1962）、香港に出張し、LPGの仕事を受注して以来の中国との関わりである。香港から、隣りの深圳地区に入り、鉄路で北京へ向かっていった。その頃の深圳はまだ草深い農業地帯。半世紀が経って、深圳の今の隆盛を見ると、まさに隔日の感がある。モノづくりの基地であり、米国のシリコンバレーに匹敵するＩＴ（情報技術）の拠点になり、今はＡＩ（人工知能）やＩｏＴを駆使しての最先端技術者が集まる都市としても有名。深圳の発展はそのまま中国の成長・発展と重なる。

「わたしは、中国人たちと大議論をやってきた」と重久は半世紀にわたる相手とのやり取りについて、しみじみ述懐。

確かに中国の人たちと交渉し、議論するのは、国の成り立ちや企業社会の文化の違いもあって難しい面がある。10年ほど前までを見ても、日本企業が現地交渉をして、その結果を日本の本社へ電話連絡しようとしても、ホテルの電話は盗聴されているからとして、「ネゴの中身や細かい事は帰ってから……」と切ることが多かった。それだけ日本企業側も中国国内に入ると、神経を使わざるを得なかった。

文化、習慣や制度、そして立ち居振る舞いの違いがあるからと中国の人たちが嫌いになったかというと、重久の場合、そうではなかった。

その国にはその国のやり方、振る舞いがあり、それをとやかく言ってみても仕様がない。ある程度、そうしたことを前提に仕事をしていかないと、グローバルな仕事は展開できない。そうやって中国側とも付き合ってきたので、日揮退任後も、日揮本社で働く中国人社員たちが誕生日祝いをしてくれたことに感謝する重久である。

横浜・中華街での誕生日祝いには、９人の中国人社員が参加してくれた。会食後、重久を真ん中に、みんなで記念写真を撮った。みんなニコニコして写真に納まり、これからも力を合わせていこうと言って、お開きとなった。

中国との交流の蓄積がこういう形でつながっていることに重久も満足気である。

ただ、この中国人社員たちとの懇親で重久が気づいた〝変化〟がある。ひと昔前の中国人社員たちは、日本から学び、日本の技術やノウハウを習得しようと学ぶ姿勢があった。この日、会った中国人社員たちは自信に満ち、主張すべきは主張すべきという雰囲気が体に満ちていた。日揮に務めている間に、そうした自信が付いたのは嬉しいことだが、こうした自信は中国の国力の増大と世界での存在感の高まりとも無関係ではないのではないか。そういう感じを受けた一日であった。

米トランプ政権の政策の危うさ、混沌とした状況をどう生き抜くか――。

世界の変化は実に激しい。世界100カ国以上を飛び回り、いろいろな国や地域の人たちと話をし、共に仕事をし、交流を進めてきた重久にとって、気懸りなことがある。それは、最近、世界の様子が変な方向に向かっているのではないかと危惧される場面が増えていることである。

米トランプ大統領が誕生して約1年半。『米国第一主義』（アメリカ・ファースト）を掲げ、まず国益第一とばかりに、貿易品目に高い関税をかけ、摩擦を起こす。米国と中国はお互いの輸出入で経済が成り立ってきたが、米トランプ政権は2018年春、鉄鋼とアルミの輸入に高関税をかけ、米中間の摩擦となっている。

イスラム国の特定の国からの移民禁止措置を取ったり、メキシコとの国境沿いに壁を作ろうとしたり、その政策は歴代の米政権とはかなり質の違うものになって、世界に戸惑いと困惑を投げかけている。

ＴＰＰは環太平洋パートナーシップ協定、あるいは環太平洋経済連携協定とも訳されるが、自由な貿易や投資ができる経済圏をつくり、共存共栄を図っていこうという趣旨の協定。前オバマ政権まで、米国がむしろ主導してきていたものだが、トランプ政権はこれから脱却してしまった。

ＴＰＰに関しては、「また復帰してもいい」といった考えが米政権内部から洩れてくるが、真偽は今一つで分からずじまい。ことほど左様に今の米国は軸足が従来の価値観とかけ離れてきて、米国内は〝分断と分裂〟の状況。そして世界には摩擦と混乱を引き起こしている。

自由主義、市場経済、法の支配などの価値観を大事にし、それは普遍的なものであるとして世界に広げようと、世界の秩序づくりに大きな影響力を及ぼしてきた米国。その米国の姿が大きく変わろうとしている。

逆に、冷戦崩壊（1989）後、社会主義国として唯一残った中国が「自由貿易を守ろう。保護主義はよくない」と世界に呼びかける。以前の米国と中国の立場が逆転している。世界中に戸惑いが広がり、先行き不透明感が広がる。

政治的に中国共産党の一党独裁体制の中国。その中国で2018年春国家主席2期目に入った習近平は権力集中を進める。国家主席を終身務めることも可能になったといわれるほどの権力集中ぶりである。また、ロシア・プーチン大統領も権力集中を高め、独裁色が強まりつつある。

そして米国・トランプ政権の米国第一主義。これも実は危うい。どの国ももちろん国益を尊重して政治に当たるが、自国優先に徹しての国の運営は成り立たない。ましてやグローバリゼーションの時代、多くの国や地域が自国との通商・貿易、さらに投資を互いに行ってその国の経済をはじめ社会運営が成り立っている。だとすれば、多くの国や地域との相互尊重、互恵主義がないとグローバル世界の運営は成り立たない。

自国第一主義が自国優先主義に陥れば、相手国も反発し、対抗上、同じような措置を取る。回り回って、自国第一主義は自らの首を絞めることになる。

先の米国の鉄鋼・アルミ輸入品への高関税は一見、自国産業を保護するかに見えるが、製品価格の高騰という形で自国内の消費者の負担増につながる。それは国内需要を冷やす方向に働く。引いては景気のマイナス要因だ。

かつての戦争の引き金の一つになったのが、関税を互いにかけまくり、保護主義に走ったこと。その結果、経済を縮小させてしまい、不満を互いに相手にぶつけ合うところから争いは始まった。こうした歴史の教訓が生かされていないところに、今日の世界の危うさがある。

「何か地球全体がおかしくなってきていますね」と重久は気懸りな様子でポツリと語る。しかし、絶望する状況ではない。これまで何度も強調してきているように、アジアの成長があるし、これが世界の今のマイナス状況を埋めていく原資になるかもしれないという重久の読みである。

「これからの20年間、わたしの勘を申しあげます。アジアの時代になってきますよ。このアジアの時代が世界を引っ張るんです」

ＡＳＥＡＮ（東南アジア諸国連合、10カ国）を見てもインドネシア、タイ、フィリピンを見ても実に明るい国民性。例のＴＰＰ（環太平洋パートナーシップ協定）の構想を10年ほど前に打ち出してきたのはシンガポール、ブルネイ（いずれもＡＳＥＡＮ加盟国）とチリ、ニュージーランドの4カ国だった。そこへ、米国や日本、さらに豪州、はたまたベトナム、マレーシアなどが加わり、12カ国でスタートすることになっていた。

米国でトランプ政権が17年1月誕生し、ＴＰＰを脱退したが、日本はじめ関係国11カ国で18年春、協定に署名、発効した。米国が脱落しても、残った国々でこの自由貿易協定を実りあるものにしていこうという熱意が11カ国の共通認識として定着したのである。

こうした流れに、さすがの米国も影響を受けたのか、「ＴＰＰ復帰を検討する」というニュースも聞かれる。最後は、世界に普遍的な価値観や論理で筋道を立てた生き方が優勢になる。とかく、政治は安易なポピュリズム（大衆迎合的）に走りがちだが、ここは忍耐強いリーダーの登場が待たれるところである。

話を本筋に戻そう。重久が言う『アジアの時代』が到来しているとして、このアジアの範囲にどんな国が入るのか――。

「ロシアのカムチャッカや極東部が入り、そこから南へ、中国の一部分が入り、朝鮮半島も入ります。中国も北京までは行かず、それの東側の部分ですね。それでずっと南へ下り、インドネシアも入る。インドネシアは人口２億数千万人だし、実に明るく楽しい国。他の国から見たら楽しくしてくれる国柄です」

この〝繁栄するアジア〟の中で、日本の果たすべき役割もまた大きいのは言うまでもない。

こういう『アジアの時代』の範囲を話していると、豪州で投資をしている企業関係者から、「ミスター重久、豪州は入らないのか？」という質問を受ける。〝繁栄するアジア〟のゾーン（範囲）を南へ下していけば、豪州の一部もかかる。

重久は大体の感覚で、これからの先を読んでそんな話をしているのだが、各方面から『アジアの時代』に関心を寄せる人は少なくなく、手応えを感じている。いずれにせよ、国益を図ること自体は尊重しつつ、自国優先主義にこだわるのではなく、協調し合う所は協調し、自制すべき所は自制しながら、共存共栄の道を図ることが大事ということである。

第11章

現場主義に徹して、サウジやリビアでの仕事で思ったこと

サウジの難事業を達成し、国王と会見

現場主義に徹して――。若いときから、仕事を開拓するというところから出発し、海外では世界の隅々にまで出かけ、その土地の人と語らい、その土地のものを食し、その国の歴史や文化に少しでも触れようと努めてきた重久吉弘。

営業部の一部員のときから、任された仕事は責任を持ってやり遂げる生き方に徹しようとしてきた。そうした現場の営みがあってこそ、経営が成り立つし、社長になってからも、現場を大事にする経営に徹してきた。

「下っぱからずっと責任を持って、いわば責任の塊でやってきた。必死になって、時にどなりつけ、議論というか喧嘩をし、こちらに非があれば、お客さんの所へ行って土下座をする。土下座をするというのは、文字通りこうして……」

と、重久はこう言って両足を折り、膝まづいて、床に手をつけて土下座を

して、相手に謝る姿勢を見せた。

例えば、どういう所で土下座をしたのか？

一例をあげると、中東・湾岸のカタールでの仕事をめぐって、相手国の担当者に土下座をしたことがある。カタールは世界有数の天然ガス産出国。日本の天然ガス輸入相手として最大国であり、日本とは大変に縁がある国。日揮はそのカタールでの事業を進めていて、損害が出る見通しとなった。20億円位の損失が見込まれ、それを全部日揮が背負うのではなく、一部をカタールも負担してもらえないかという交渉事の中で、咄嗟に出た土下座であった。

外国に土下座という謝り方はない。そのとき、カタールの責任者も「シゲヒサさん、"I have never seen…"（こんな光景は見たことがないよ）。分かった。手をあげてくれ」と対応。その後の話し合いで、カタール側は損失額の処理として全額を引き受けるわけにはいかないが、応分の負担はするということで決着した。

中東の中で交渉事では一番手強いという評判のカタール。会社を代表して送り込んだ者がことごとくカタールに言いくるめられるというか、反撃され、拒絶されて帰ってくる。

そこで重久の登場ということになったわけだが、コトの是非を道筋を立てて説明していく。そのとき、勝負になるのは、その人の熱心さがどこまで本物かということで交渉の道筋も変わってくる。

「どこの国へ行っても同じです。熱心さが大切だし、お願いするときは必死に懸命にやる。そうすると、どこの国でも分かってくれます」

この熱心さも、現場、現地へ何度も足を運び、心が通い合っているからこそ、相手に通用する。ただ、一回の面談で名刺を交換し合って、土下座をしたところで、単なるパフォーマンスと相手は見破ってしまう。人と人のつながりがいかに大事かということである。

中東は日本にとって大事なところ。石油輸入の8割は中東に依存しており、日本にとっては生命線である。重久はその中東や湾岸地区で仕事に取り組むときは、『利他の心』をもってやってきた。そうした気持ちでいると、知らず知らず、相手にもこちらの思いが通じてくる。

ある日、アラブ世界の盟主を任ずるサウジアラビアの国王に謁見する機会がめぐってきた。重久が会長時代のことである。

アラブの盟主――。アラブ世界で、自分たちはリーダーだという意識の強いサウジアラビアは誇り高い国。その国王に会うとなると、こちらも相当に緊張する。

当日は、ホテルを出るときから、国王警護のスタッフが付き添い、王宮まで付いてきた。王宮では数十人規模の警護の屈強な担当者が待ち構えている。緊張感はさらに高まる。

重久には日揮社員1人が付いてきていたが、王宮の入口から国王の部屋へたどり着くまでの途中の部屋でとどめ置かれた。その社員も重久が国王と会っている間、15人位の警護スタッフに囲まれて待っていた。

重久は緊張していて、王宮の入口から国王の部屋までどれ位の距離があったか、どれ位の部屋を通り過ぎていったかは覚えていないという。とにかく、「広い王宮の真ん中の真ん中に国王がおられた」という印象しか残っていない。

警護者も、武装した兵隊たちであり、相当に物々しい雰囲気。その中を緊張して進んでいくと、やっと国王の部屋にたどり着いた。

部屋に足を一歩踏み入れると、国王はニコニコと笑みを浮かべて、迎えてくれた。会った瞬間、重久は、「やさしい王様」という印象を受けたという。

国王は自ら手を差し出してきて、2人は握手した。国王の周囲には、側近とおぼしき人たちと警護の者が何人かいて国王を囲むようにしている。国王は、その頃、サウジ国内で日揮が石油関係のプロジェクトを立派にこなしてくれたとして感謝の意を伝えるために、わざわざ会見の場をつくってくれたのである。

国王はアラビア語で話をし、通訳が英語でそれを重久に伝える。重久は英語で答え、会見は10分位で終わった。

そのプロジェクトはサウジ内陸部でまさに砂漠のど真ん中が建設現場。重久も現場に行ってみて、びっくりしたほどの砂漠の中。

「今でも忘れられない現場の光景です。これから、このプロジェクトをやる現場にご案内しますとうちの人間に言われて行って、実際に自分の足で立って見た。『おい、現場って、砂だけじゃないか』と。まず最初にやったことは、キャンプを作ることから始めた。それはプライム・コントラクター（主契約者）であるわがＪＧＣ（日揮）のキャンプだけでなく、いろいろなサブコントラクターと契約して、その人たちの宿泊のキャンプをつくる。そこからでしたね。砂漠の中にプラントを建てて、大変な仕事でした」

水は、掘っても掘っても出てこず、パイプラインを敷いて、他所から運んでくるようにした。二つのパイプラインが必要だった。水のパイプラインと、オイルのパイプラインを敷いていった。

エンジニアリングの現場はこういう環境の厳しい所が多い。「現場が大事」と重久が語るときは、そうした過酷な環境下でそれこそ一所懸命に仕事を果たすんだという思いが込められているということ。『現場』は重い言葉である。

この事業では、サウジ側と難しい条件をつけてきていた。毎日のようにサウジの担当者からはクレームがつけられるというぐらいの厳しい目に遭ったが、何とか日揮側も耐え抜いて完成させた。

それだけにサウジ側も、国王が会見する場を設定し、日揮の努力に応えようとしたのだと思う。日揮の関係者たちも、厳しい環境を克服して、すばらしい仕事を達成したという充実感にひたれた。これがエンジニアリングという仕事の醍醐味だということである。

リビア・カダフィとイタリア・ベルルスコーニのスピーチ合戦

リビアといえば、カダフィ大佐が指導者になり、その独裁制で急進的な政治をやったことで知られる。そのカダフィとも重久は会った。しかし、カダフィの政権は、2010年後半、チュニジアから始まった民主化運動の『アラブの春』で倒された。

そのカダフィ政権が盛んな頃、日揮は天然ガスをリビアから地中海を通して対岸のイタリアまで送るプロジェクトを担当したことがある。

リビア内部の天然ガスの採掘現場から地中海沿岸まで約60キロのパイプラインを敷いていく。そこからイタリア半島の南端の尖がった部分の受入地まで約600キロの海底パイプラインはイタリアのエンジニアリング会社が引き受けた。

リビアは戦前、イタリアの植民地だったし、地中海をはさんで何かとイタリアとは縁のある国。そうした関係もあって、プロジェクトの完成式にはリビア側からカダフィ、イタリアからは当時首相のベルルスコーニが出席し、それぞれスピーチを行った。

式典参加者は約500人と盛大なもの。カダフィ、ベルルスコーニの両者とも、スピーチで登壇すると、それぞれ1時間位かけて話をする。

「今回の仕事はうまくいき、お互いの国のために良い関係が保てて、大変歓迎すべきプロジェクト。協力してくれた日本の業者、イタリアの業者のみなさんに感謝します」という趣旨のことをカダフィがアラビア語でスピーチ。炎天下の式典で1時間かけてやるから、聞いているほうの参加者も汗をふきふき大変である。

カダフィのスピーチが終わると、今度はベルルスコーニの登場。また、同じような内容をイタリア語で1時間ほどかけて演説調の大きな声でスピーチ。余りにも長い話で、聞いているほうも疲れる。隣りのイタリア人が重久のほうを見て、ニヤッと笑う。こちらも笑顔で返す。とにかく、炎天下の式典で忍耐、忍耐である。

リビアとイタリア両国の歴史も背景に、双方のリーダーは互いに一歩も引かず、突っ張り合う感じでスピーチをやった。

リビアの指導者であるカダフィは当時、アメリカにも突っ張っていたし、相手がイギリスであれ、イタリアであれ、全く関係ない、自分たちファミリーがリビアを引っ張り統率しているんだと勢いこんでいた。だから、イタリアのベルルスコーニ首相なんかに負けてたまるかという気持ちだし、式典でも口をきこうとしなかった。

「わたしも海外のプロジェクト竣工の式典には何十回と出席していますが、あのときの式典は異様ともいえるものでした。貴重な体験でしたね」と重久は振り返る。

リビアは北西部にチュニジアと接し、西側はアルジェリアと接している。国境線はその式典の場所から、車で15分位の所にあると聞いたので、国境の現場へ行ってみようと、重久はそちらへ赴いた。

国境線に並べられた石油タンクの列

国境線に着くと、石油タンクが並んでいるだけであった。何とも不思議な光景である。金網や鉄条網が張られているかと思ったら、空っぽの石油タンクが１００メートル位ずつ離れて並べられている。これが目に見える国境線であ

アルジェリアとリビアの国境に立って

る。

　北アフリカの国々の国境は、戦前、ヨーロッパの国々が宗主国となり植民地化したときにラインを引いた。だから、タテ割でラインを切っている。そしてリビアはイタリアが宗主国になり、チュニジアとアルジェリアはフランスが宗主国となって統治し続けた。

　重久はこの国境線の東側、つまりリビア側に立って、付き添いの日揮社員にユーモア交じりに告げた。

「これからアルジェリアへ行くからね。すぐリビアに帰ってくるから。

そして、すぐアルジェリアに行き、またリビアに戻るから、その様子をカメラで撮ってくれないか」と重久は言って、国境線を跨ぎ、両足を交互に右に左に入れ換えて、両国を〝往来〟した。

「あの辺の国の人たちは互いにデリケートといいましょうかね。ある意味では仲良くもしているんでしょうけどね。わたしも10分間に20回ぐらい行ったり来たりする経験をさせてもらいました」と茶目っ気たっぷりに語る重久。

ヨーロッパの各都市、たとえばイギリスの首都ロンドンやフランスの首都パリ、あるいはアメリカの首都ワシントンDCに行って、それだけで世界を知ったということにはならない。世界はいろいろ多面的な顔を持っている。北アフリカのリビアとアルジェリアの国境線や中東の砂漠地帯を見ても、辺ぴな所のほうが多い。そうした辺ぴな現場も見ないと、その国のことは分からない。その体験を増やしていこうという重久の人生観であり事業観である。

話は違うが、中国とロシア・シベリアとの国境にも出かけたことがある。

長い国境線で接する中国と旧ソ連との間では国境紛争があちこちで起きてきたが、アムール川の支流ウスリー川の中州の領有権をめぐって、両軍の間で大規模な軍事衝突が起きた。それは1967年3月2日に起きた、世に言うウスリー島事件である。同川には中州で出来た島がいくつかある。軍事衝突の舞台となったのはダマンスキー島（中国名・珍宝島）などである。同じ社会主義国家間でも、激しい国境紛争が起きるのだということで世界に衝撃が走った事件である。

この国境紛争を解決するには長い時間がかかった。2004年に『中露国境協定』が結ばれ、係争地を二等分して分割統治するということで、島の西半分を中国が、ハバロフスク市に属する東半分をロシアが領有することで決着。05年に両国が協定批准して発効したという経緯。

国境をめぐっては、各国の主張と思惑が入りみだれ、紛争が長引くケースが多いし、その国境線には歴史が刻まれている。

また、胸の痛む事件も起きた。2013年1月16日、アルジェリア南部イナメナスの天然ガス採掘施設で国際テロ組織による襲撃事件が発生。日本人10人を含む39人が犠牲となった。

30人ほどの武装グループが、プラントから出てきたバスを襲撃、そしてプラント内の居住区域に押し入り、日揮社員を含む100人以上を人質に取って立てこもった事件。アルジェリア政府は軍事作戦を強行し、人質の救出作戦に出たが、結果的に39人の犠牲者が出た。この中には、日揮の社員など日本人10人の犠牲者も出て、日本中が悲しい空気に包まれた。

重久は、社員救出のため、アルジェリア政府首脳とも打ち合わせをするなど、手を尽くし同社幹部と共に奔走。全員の無事帰還を願ったが、悲しいことになった。

事件のあと、犠牲者の家族のもとを一軒一軒訪ね、家族の人たちと悲しみを共有。犠牲者の中にはフィリピンなどから現地へ来ていた作業員もおり、そうした人たちの家族や関係先も訪ねてきた。

「僕を頼りにしてくれ、何でも相談してくれていたリーダーもそのうちの一人で、本当に悔しくて悔しくて申し訳ない気持ちです」

重久は家族の前で、感きわまり、土下座する場面もあった。

犠牲者を追悼する式にはアルジェリア政府首脳も参列した。

一所懸命に、その国のために仕事に打ちこんでいる真っ最中に、不意をつかれて、襲撃事件に巻き込まれてしまった悲劇であり、何とも形容しがたい事件であった。

話を元に戻すと、アフリカには全部で45カ国ある。このうち、重久が訪ねたことがないのは10カ国しかない。訪ねた国の一つひとつに、その国の歴史や人々が背負ってきたことに思いをめぐらすと、胸が熱くなる。アフリカの大半の国々を自分の足で訪ねてきた重久は、その可能性、潜在力を掘り起こすときがいよいよ到来してきたと考える。これが今の重久のアフリカ観である。

世界の政治リーダーでみると、南米ベネズエラの指導者で反米で鳴らしたチャベス大統領。このチャベス大統領も特異な大統領だった。最後は病に倒れてしまうが、徹底した反米主義で知られた。社会主義的な政策を採用、米国など外資系企業を国有化し、国民への分配を厚くする政策を取った。豊富な石油資源を持つ同国だったが、国民へのバラまき政策も行き詰まって、同国経済は衰退。深刻なインフレと経済苦に見舞われ、隣国のコロンビアへ移住する人も出ている。

「チャベス大統領にも会いましたが、言い方が乱暴な人でしたね。世界中でこんなに元気なトップがいるのかと思うぐらい。言うことが大きくてね」と面会当時の様子を振り返る。

日揮は、そのベネズエラでも大きな仕事を手がけた。

そしてブラジル。人口2億人以上の資源も豊かな国。日本からも移民として渡ってきた人たちが多い。日本からの移民の人たちは立派な仕事をして、しかも内陸部に入植していった人たちもいる。このブラジルでは石油関係のプロジェクトを遂行。

重久が南米で一番やり甲斐があると感じたのはアルゼンチン。

「われわれはアルゼンチンと国名を言いますが、現地ではアルヘンティーナって言いますね。首都はブエノスアイレス。ブエノスというのは、きれいなという意味です。英語のビューティフルですね。アイレスというのはエアです、空気。つまりビューティフル・エア。きれいな空気を持った町。僕はブエノスアイレスは大好き。町がしっとりしていてね。」

ブエノスアイレスの街がよほど気にいったのだろうか、重久もうっとりした表情で語る。

「ええ、現地の関係者には、アルゼンチンの人たちはそれほどしっとりしていないですよ。結構うるさい人たちだから、あまり誉めないでくださいよって（笑）、よく言われましたけどね」と言いながら、どこまでもブエノスアイレスに愛情ある話が続く。

アルゼンチンといえば、スペイン人が作りあげた国。ラテン系で国民性も開放的で明るい。アルゼンチンタンゴは聴いていて、「うっとりする」し、それに合わせて踊る姿もいい。良い国だ。

しかし、肝臀の仕事は赤字のものが少なくなかった。クレームというか、追加の条件も厳しい。こちらが意見を言うと、それだったら金を払わないぞというやり方で反撃してくる。

こちらは日本流の真面目に誠実に対応していくのだが、アルゼンチン側も引かない。「日揮さん、これでやってくれよ、と言われて、ずい分我慢もしてきましたね」と重久も屈託がない。

アルゼンチンのプラス面もマイナス面ものみこんで、その国のために自分たちは仕事をしていくことに変わりはないという重久の考え方である。

1996年（平成8年）、重久は社長に就任。その後、2002年に会長に就任、09年グループ代表という足取りだが、社長6年間は会社にとっても、また本人にとっても大変な試練のときだった。

重久が入社した1961年（昭和36年）時の社員数は約500人で国内事業だけの会社だった。それから半世紀後の今、海外を含めグループ会社は数十社に及び、従業員数も約1万人のグローバルなエンジニアリング会社に成長発展した。

しかし、エンジニアリング事業はこれまで見てきたように、未開の地で建設をするし、難事業も多く、大赤字に見舞われたりするなど浮き沈みの激しい業種である。そこでマネジメント能力を高め、いかなる環境下をも乗り切る経営力を必死になって蓄えてきたわけだが、96年の社長就任当時、会社はかなり厳しい状況に置かれていた。

やや専門めくが、業界では2つの契約方針がある。『ランプサム』方式と『コストプラスフィー』方式である。前者は金額を固定して発注する契約、発注側はプロジェクトの総額をあらかじめ確定できるというメリットがある。受注側のエンジニアリング会社にとっては、その金額の中で設計や工法、工程などの工夫を進め、コストを削減できる利点がある。一方でその後の物価上昇や経済変動によって資材や機材、人件費が高騰する可能性もあり、リスクを抱え込むことにもなる。

後者のコストプラスフィー方式は、実際に要したコストにエンジニアリング会社の利益を上乗せして請求する方式。受注する側にとって、損失が生まれるリスクは低いものの、利益も限られる。

米国のエンジニアリング会社は大ていコストプラスフィー方式を選び、逆に日本のエンジニアリング会社はランプサム方式を取るところが多かった。日揮もこの方式で各産油国のプロジェクトを次々と受注し、世界的な評価も得ていたのだが、時代が進むにつれ、プロジェクトの管理も担当者の感覚に頼る職人芸的な対応では通用しなくなってきていた。

その後、より科学的な管理手法を取り入れようと心がけていった。日揮の社内はランプサム方式で鍛えられていった。それに科学的手法を組み合わせた手法を取り入れた80年代初頭、「それまで背中を見ていた米エンジニアリングに追いついた」というところまでこぎつけられた。

日本経済は70年代に2回の石油ショックを経験、産業界全体に省エネ・省資源のコスト削減に乗り出し、必死になって危機を乗り切ってきた。また円高に為替相場も振れる方向が定着し、コスト高となった国内生産から海外生産にシフトさせていく流れも定着。

１９８５年のプラザ合意後に一気に円高が加速、国内製造業は窮地に立たされた。日揮も85年度から88年度まで４期連続の営業赤字経営に陥った

こうした試練をたびたび経験してきた日揮。重久が社長に就任する前に業績は悪化の傾向をたどっていた。業績は１９９３年度をピークに、94、95年度と下降し、副社長の重久としても、居てもいられない状況が続いていた。そんなときに、当時の渡辺英二社長から、「次の社長は君に頼む」といわれたのである。

社長に就任した96年度の当期利益は１２２億円の赤字。97年度も１０２億円の赤字。市場も冷え込み過当競争で受注案件の採算も悪化。

プラザ合意後の85年度から88年度までは『第1次エンジニアリング冬の時代』とされてきたが、この時期はもっと厳しい状況に追い込まれていた。85年度から88年度までは営業赤字にとどまっていたが、重久が社長に就任した

96年度からの2期は最終赤字に陥っていたからである。

97年度にはタイ・バーツ暴落に始まったアジア通貨危機が起きた。当然、市場は冷え込む。日本国内ではその年の末に山一證券が経営破綻、北海道拓殖銀行や三洋証券も破綻に追い込まれた。翌98年には日本長期信用銀行、日本債券信用銀行が経営破綻と金融危機に見舞われ、不安状況が続いた。

社長に就任して一番つらかったのは、創業以来、初めての人員削減に踏み切ったことだ。

削減の対象に選んだ人を呼ぶと、「なぜ、わたしなんですか」と怒り出す人もいたり、「まだ働きたいのに」と泣きだす人もいて、何とも辛かった。重久自身、何のために社長になったのかと自問自答する日々が続いた。正直、前社長を恨む気持ちも出てきたりした。しかし、この苦境を乗り切るには社長の自分が踏ん張るしかないと考え直した。

二度とこういう辛い思いをしたくない、ということで自らが経営改革の先頭に立ち、経営の原点である現場をもっと大事にすることに努力していこうと心に誓ったのである。

不正データ事件に見る産業界の〝現場力劣化〟

昨今、産業界にも不正データ事件が名門といわれる製造業で起きたりしている。モノづくり・日本ということで世界の信用を得てきたが、消費者の信頼を裏切る行為だけに、産業界の受けたショックも大きかった。

目に見えない所もていねいに作るのが日本のやり方であり、生き方であったはず。戦後の日本が復興を図るとき、まず最初に隆盛となったのが繊維業。繊維製品を外貨を稼ぐ業種として政府も支援し、１９６０年代から石油化学も勃興し、ポリエステル、ナイロンなど合成繊維の登場で繊維産業は成長、発展した。そのとき、表からは見えない裏生地もしっかり作るのが日本とされ、海外からの信用も高まった。

そうした伝統の力が落ちてきているのか、出荷する前の製品検査でデータを偽造していたという話が相つぐ。安全性に深刻な被害は出ていないといわれるが、日本のブランドを傷つけていることに変わりはない。こうした話を聞くたびに、現場力が劣化してきているのかなと思う。

企業が成長、発展していくには、経済力と現場力の融合が大事。経営力はトップダウンの力、現場力はボトムアップの力。この二つががっちり握手しないと、企業経営はうまくいかない。

もし現場力が落ちている場合は、経営力が引率力を発揮していかねばならない。現場の課題、改革すべき点を把握し、指導力を発揮していく使命と役割を持つのが経営陣である。現場力が強くなったのはいいとして、組織内がバラバラになり、勝手に行動していてもいけない。つまり船頭多くして船山に登るの愚をおかしてはならない。そのためにも経営層がしっかりしなければならない。経営力がカジ取りを担うし、会社全体が正しい方向へカジを切るには、経営層が現場に精通し、現場にくわしくなければならない。

第12章

台風時、下水管に転落して、九死に一生を得る

２０１８年３月、陽気が暖かくなりかけた頃、重久は先祖のある墓がある鹿児島市を妻圭子と二人で訪ねた。

曽祖父の重久雄七は、明治10年（１８７８）の『西南の役』に参加して果てた。そして今は、南洲翁・西郷隆盛の墓のそばで永和の眠りについている。錦江湾をはさんで桜島を望む南洲墓地に『西南の役』で没した士族の墓が続く。西郷と共に時代の変革期を生き抜いた曽祖父・雄七の墓前に花を手向けながら、重久は維新にしばし思いをはせた。

明治維新の立て役者だった西郷隆盛は岩倉具実や大久保利通らと意見を異にして下野、鹿児島で私学校を設立し、青年たちの教育に当たっていた。

明治政府が成立したとしても、財政基盤は弱く、政府は旧士族を救済できない。旧士族は藩が消滅し、働く場所を失ったので不満がつのる。山口・萩や佐賀、熊本などで旧士族の乱が起こった。最後に起こったのが『西南の役』である。

欧米の植民地にすることを避けるには、新政府を打ち立てることが大事ということで維新が成った。そして、この後、欧米に追いつき追い越せと、『殖産興業』、『富国強兵』の懸け声がかかり、日本は近代化への道を真っしぐらに進んでいくのだが、明治の初期はまだ体制が整わず五里霧中の状態。

東京を首都にし、中央集権体制で臨もうとした明治新政府は欧米列強と伍していくにはと、遣欧使節などを送り、憲法から商工会議所づくりまで国家運営に必要な仕組みを取りいれるのに懸命だった。

明治初期に、生活基盤を失って旧士族の不満が爆発するや、これを抑え、新しい国家秩序をつくらねばという新政府。この新政府の中心人物だったのが西郷と同じ薩摩藩出身の大久保利通。西郷とは幼なじみで同じ下級武士の出身。家も隣り同士で苦楽を共にしてきた間柄。二人手を合わせて、幕府を倒し、維新を実らせたという思いを共有してある。

その二人が、『西南の役』では立場を分けた。もっとも二人はこの間、手紙も交わし、新しい近代国家をつくるという点で思いは同じだったし心も通い合わせていた。

西郷が郷里の城山で没した翌年、大久保は役所に通う途中、東京・紀尾井町で暴漢に襲われ、暗殺される。その懐には西郷からもらった手紙があったという。まるで兄弟のように育ち、親友であり戦友であった二人の間柄を物語るエピソードである。

西郷も必死になって生き、大久保も同じ思いで奔走し、そして果てた。しかし、新政府の基礎は築かれたのである。西郷南洲翁は、旧士族と一緒に沈んでいくことを覚悟して、役を起こしたともいわれる。新しい秩序づくり、新しい仕組みを創るときは、旧来の既存勢力から必ず反発や不満が生まれるのはどの組織でも同じ。

西郷、大久保はこのことを知り抜いており、だからこそそれぞれの立場で自分に課せられた使命を演じ切ったということである。

そういう明治維新を実現させる原動力となった鹿児島。その鹿児島にルーツを持つ重久は久しぶりに鹿児島を訪ね、祖先の墓に手を合わせ、歴史の流れにしばし思いをめぐらせてきた。

西郷隆盛が自らの信条として掲げた『敬天愛人』。天を敬まい、人を愛し続けるということだが、要は世のため、人のためという『利他の心』に通じる言葉。曽祖父・重久雄七が同じ思いで西郷軍に加わり、そして散っていったという歴史的事実。目の前の桜島を眺めながら、重久は「薩摩の気風が自分にも流れているな」と感慨深いものをおぼえていた。

鹿児島訪問の帰り、重久は福岡市に住む実姉の原田陽子の所を訪ねた。重久は男3人、女4人の7人きょうだいの次男。一番下の妹と弟が幼いうちに亡くなり、実質男2人、女3人の5人きょうだいの末っ子として育った。幼少期、姉3人はとても重久を可愛がってくれた。陽子は次女で「一番賢い姉さんでした」という。年齢は3つ上だから87歳。重久が訪ねていくと、久しぶりの邂逅《かいこう》に感激してか、2人は抱き合い、涙を流して喜び合った。長兄も今は亡く、長女と三女も旅立っており、重久と次女陽子はいつまでも懐しそうに話し合っていた。

重久は1933年（昭和8年）11月18日、宮崎市で生まれた。父信明は鹿児島から宮崎市に移り住み、同市の繁華街、橘《たちばな》通りに近い上野町で金物屋を営んでいた。母は県北部の街・延岡の出身。延岡の豪農の娘で、父が県内を商売で往来しているうち、母親の実家で見染めて夫婦になった。

この両親の下で不自由なく過ごし、進学校で知られる宮崎県立宮崎大宮高校を卒業して、一年浪人して慶應義塾大学文学部に進んだのは既に記した通りである。

終戦時は県立の旧制宮崎中学1年生。この旧制宮崎中学が県立宮崎大宮高校となるように、戦後の学生改革の変化を身をもって体験してきた。

戦争中は宮崎市も米軍の空襲を受け、警報のサイレンが鳴ると、父が作った家の中の防空壕に逃げ込んだ。

学校へ通っていて、嫌だったのは〝弁当検査〟。戦争中はぜいたくなことが禁じられており、担任教師が弁当の中身までチェック。「ぜいたく」と判定されれば、弁当は取りあげられ、せっかく母が作ってくれた弁当も食べられずじまい。その日はひもじい思いにさせられるなど、理不尽なことも体験した。

そして終戦の日（1945年＝昭和20年8月15日）――。玉音放送がラジオから流された。その直後、消防団関係者が、「米軍が上陸してくるので逃げろ」と触れ回った。宮崎市は東部に日向灘が広がり、太平洋につながる。海外線は南北に長くて、平らであり、米軍が上陸してくる場所という想定がなされていたのであろう。正確な情報は乏しいが、終戦当日はみんなに不安心理が流れ、母親も重久ら子供たちを引き連れて、近くの山の中に逃げこんだ。こういう現象は、実は全国あちこちで起きていた。

携行している食べ物は少なく、ひもじい思いをさせられた。数日経っても街のほうには何の変化もなく、4日後に自宅に戻った。平和だった。そのときの心境を重久は、日経新聞の「私の履歴書」（2016年）に次のように記している。それを再録すると――。

『そして3週間ぐらいが経つと、米兵たちがジープに乗ってやってきた。

身体は大きく、小銃を構え、見た目にはそれは恐しかった。だが、数日後、子供ながらにあることがわかった。街中で歩哨をしていた米兵がちょっとした物音に腰を抜かさんばかりに驚いて、子供にまで銃を向けたのだ。

『米兵だって怖いんだ』。新鮮な感覚であり、発見だった。考えてみれば、彼らは数週間前まで戦争していた敵地に少ない人数で乗り込んで来ている。米兵もびくびくしていると思うと、何か親しみを感ずるようになった。ずっと後になって、仕事で海外を飛び回るようになった時、さほど外国人に気押されず、相手の懐に飛び込めたのは、この時の経験、感覚があったからかもしれない」

子供心に、冷静に米兵の挙動を観察している。実に冷静である。米兵の動き、たとえば、ちょっとした物音にびっくりして、銃をこちらに向けてきた動作に、ふつうならば、「怖かった」という反応になる。それを、米兵も怖かったのだろうとその心理を子供ながら読み切っている。相手がどんな心理状況にあるのか、相手の置かれた状況や立ち位置を推し測りながら、相手の気持ちを読むという作業がこの局面ですでにある。

これは、日揮の海外営業畑でずっと仕事をしてきた重久にとって、人に接する場合の基本的な対処法に通ずる話。相手の懐に飛び込み、ズバリと本質を衝いた交渉に持っていく。その原点が終戦時の米兵との出会いにある。

そして、もう一つ、重久にとって終生忘れられない出来事があった。それは小学4年生時、台風が襲来し、大雨で下水管に水が流れ込み、急流となっているところへ、重久自身が転落、暗い管の中を押し流されていくという不測の事態に巻き込まれたのである。

南国・宮崎は昔から台風の襲来を常に受ける地域。はるか南方のフィリピン沖で発生した台風は台湾海域そして、沖縄を経て九州南部へと近づいてくる。いわば台風の通り道である。

そのせいか、台風慣れしているところもあり、少々の風雨では驚かず、外に出て活動もする。台風が接近した夏のある日、重久少年は友人数人と連れ立って外に出ていた。まず訪ねた所は小戸神社。古事記や日本書記にも出てくる由緒ある神社である。そこから近くを流れる大淀川を見にやってきた。大淀川は宮崎市内を流れる九州でも屈指の河川。霧島山系から湧き出る水を水源とし都城盆地を経て、宮崎市高岡町で本庄川と合流し、日向灘に注ぎこむ。流域は宮崎、鹿児島、熊本に及ぶ広大な河川。ふだんはゆったりと流れ、観光都市でもある宮崎の南国情緒あふれる景観を形づくっている。

その大淀川が台風襲来で増水し、その増水した水が逆流して下水管に流れ込んでいる。ふだんとは違う様子に面白がって下水管のほうに身を乗り出した。次の瞬間、何が起きたのか。重久もわからなかった。

気づくと、自分が暗い管の中を流されているのがわかった。だが、思ったほど流れは速くはない。さいわい、水面から顔を出すだけの空間はあった。行き先もわからず、流されていく。このときの心境について、「子供心にも死の淵にいることはわかっていましたが、不思議と落ち着いていました。妙に落ち着いた静寂を感じました」と重久は振り返る。

数百《メートル》は流されただろうか。背泳ぎのような姿勢を取って暗闇の中を流されていくうち、ふと気がついた。間をおいて、光が差し込む。マンホールのフタから光が差していたのである。見ると、一定の距離をおいて、鉄製のハシゴが水路に取りつけてある。次の光が見えたとき、手を伸ばし、しっかりとつかんだ。鉄製のはしごを登った。

そして、手でマンホールのフタを押し上げようとした。しかし、重くて一向に持ち上がらない。必死になってフタを下から叩き始めた。しばらくすると、上のほうから、「誰か、おっとか?」という男性の声が聞こえた。〝おっとか〟は宮崎弁で、〝いるのか〟という意味。

重久は、必死になって、自分が下水管の中にいることを地上の男性に知らせた。その男性は、ズシリと重いマンホールのフタを開いて、重久を救出してくれた。

助かった！　夢中だった。急いで家のほうへ向かって走っていった。

わが家では、家族や近所の人、さらには消防団の人まで集まって、騒がしくしていた。重久と一緒にいた友人が家族に「吉弘君が流された」と知らせていたので、消防団の人たちも駆けつけてくれていたのだ。

当然、家族は心配で落ち着かなかった。不安な気持ちが高まっているところへ、重久がひょっこりズブ濡れで帰ってきたものだから、みんなびっくりさせられた。

両親は顔面蒼白《そうはく》で、兄や姉たち、友人たちが立ちすくんでいた。母親がすぐ駆け寄り、「何をしよったとか」と顔を叩き、すぐ、ぎゅっと抱きしめてくれた。母親は泣いていた。

九死に一生を得るとはこの事を言うのだろう。いろいろな偶然が重なって、本人は助かった。まず増水していたにもかかわらず、下水管の中は顔を出すだけの空間があり、息ができたこと。真っ暗闇の中で、マンホールごとに光が差し込み、この光りを頼りに重久少年もパニックにおちいらなかったこと。そして、偶然にも、その場所を男性が自転車で通りがかったこと。そして重いマンホールのフタを空けられるだけの力がある成人男性だったということである。

70年以上経っても、このときの体験が鮮明に記憶にあるのは、「自分の死生観に大きな影響を与えているからだと思います」と重久は語る。

まさに、人は天に生かされている。下手をすれば、自分はこのとき死んでいたのかもしれない。なぜ、助かったのかはわからない。必死に生きようとしたが、最後はマンホールのフタを開けてくれた〝おじさん〟がいたから助かったということ。

今でも悔やみ、残念に思うのは、その〝おじさん〟がどこの人で、何という名前の人か聞いていなかったこと。自分が助かったことを、一刻も早く家族に、両親に知らせようとの思いで、家へ向かって走り出してしまった。子供の時分とて、そういう行動になったわけだが、後年、なぜ、あのとき、おじさんに「ありがとう」と御礼を言わなかったのか。また、なぜ名前を聞かなかったのかと後悔し続けた。いや、あのときは自分自身がパニックになっていて、名前までは聞くゆとりがなかったのではないかと、いろいろ自問自答してきた。実際、このことは長年、重久にとって悔やまれることとして頭の中に残ってきた。

ただ、心の中でそのときの〝おじさん〟に感謝の気持ちを捧げ続けている。そうした人と人との縁、そこから生まれてくる人と人の助け合いに感謝するという気持ち。原点になっているのがこのときの体験であることは間違いない。

大学受験での挫折、そして結婚、就職、海外市場開拓で多くの試練を経ながらの目標達成と、人生航路にはいろいろな事が生ずる。その中を、それこそ一所懸命に生きる。そして見知らぬ海外の地で宗教、言語、慣習の違う人たちと共に仕事をし、学び合う。

いろいろな試練に出会うたびに、小学生時分の「あの体験を考えれば……」ということで頑張り通してこられたということであろう。

重久は、自分のモットー（信条）に、『利他の心』とあげる。そして、それをエンジニアリング事業の根幹に据え、相手の国の置かれた立場に思いをはせ、相手の国に役に立つ事業を提案していくというやり方を実践してきたのも、下水管での体験があったからだとも言えよう。

　重久は日揮で半世紀におよぶエンジニアリング人生を送る中で、試練や課題を背負いながら、一つずつ問題を解決していくうち、いつしか「感謝」の気持ちが根底にあるのに気づいたという。

　社長就任早々、赤字決算におちいり苦吟したときのこと。人の運命はどうなるのか、それを推し量るものとして、干支《えと》を使った『算命学』の話にも関心を持ち、大学の専門家に聞いたりもした。

　自分一人の力だけではどうしようもないときがある中で、何かもっと大きな宇宙の摂理で人は生かされているかもしれないと、謙虚な気持ちになってくる。

『一所懸命』に仕事をし、生き抜く。そうやっていると、自然に『感謝』の気持ちが湧いてくる。そして、『利他の心』で何事にも臨む。『一所懸命』、

『感謝』、『利他の心』は互いにつながり連環して、一つの円を描くようである。

第13章

若者へのメッセージ
「なぜ、今、コア・ジャパンなのか」

多様性の時代の「共生」を、コア・ジャパンの生き方で

コア・ジャパン（Core Japan）——。重久がこのところ、日本および日本企業がグローバルに仕事を展開していくうえで、大事なコンセプト（概念）だとして説き続けている言葉。

日本が〝次の成長〟につなげようと力を入れているパッケージ型インフラ輸出。鉄道、上下水道、発電所といったものが中心だが、その際に『オール・ジャパン』が掛け声になっている。

これには課題がある。すべて日本製のハードばかりではコスト高になる場合も出てくるし、結局、そのことは相手国のためにもならない。

「わたしどもの仕事のやり方はコストコンペティブ（コスト競争力のある）な方法でやっていくということ。最もコストコンペティブということになると、必ずしも日本のものが安いとは限りません。だけどわたしどもは仕事の中心で働きます。わたしどもがコア、つまり中核になるから、コア・ジャパ

ンであると。オール・ジャパンではないと」

コア・ジャパン。日本が中核になって、他の国（企業）の参加も得て、チームを結成していく。それが相手国のためになるとすれば、結果的に日本にもプラスになる。つまり、共生の思想である。

グローバル時代にあって、多国籍の人が共に働くときにあって、理にかなった『コア・ジャパン』の思想である。まさにエンジニアリングの本質を衝いた考えといえよう。

「わたしどもは国籍多様化計画を進めています。海外にある会社も含めたら、多くの国の人たちが働いている。横浜本社だけでも20カ国ぐらいの国籍の社員がいます。日本の企業がみな持っている日本人らしさ。その日本人らしさを失わない範囲で、国籍を多様化していっている」

「コア・ジャパンで、よその人をみんな入れて仕事をやる。そうやっていくと、みんな日本を、そして日本企業を好きになります」

エンジニアリングの真髄は構想力（Program Management、プログラムマネジメント）にある。その国のためになる事業を構想し、提案していく。その意味でも提案力が問われる。

この構想をし、提案していくのは「人」。その人を現地で育てるために、日揮は海外に事業会社を次々と設立。世界最大の石油会社、サウジアラムコの求めに応じて設立したＪＧＣガルフ社には約８００人の社員がおり、ＪＧＣフィリピンは１３００人以上と社員数は多い。ＪＧＣインドネシアも社員数約８００人、さらにシンガポール約７００人、アルジェリア約４００人、ベトナム約２００人と各国で人材を育成し戦力化している。

重久はこれからの世界を担う若い世代に、「海外へ飛び出そう」と呼びかける。多くの国の人たちと接し、自分たちとは異なる価値観、慣習に触れる。そのことで自らを鍛錬していく。

結局、基本は「人」である。人が企業、社会、そして国を支え、動かしていく。

重久は、『人財力』という言葉を使う。その人財力を高めるために必要なものとは何か？　重久は8つの『力』が不可欠と訴える。

まず、最初に揚げるのが"Speak Up"、（語りかける力）である。そして"Decisiveness"（決断力）。次に"Influence Others"（説得力）、"Managing changes"（変化に対応する力）が来て、"Delegation"（人に任せる力）を挙げる。どんなに有能でも、一人でやれることには限界があり、他の人に任せる力も大事。また、専門領域を持って、そのプロフェッショナルになるのはいいとして、"全体を見通し判断する力"として、Helicopter View（ヘリコプター・ビュー）を挙げる。そして、グローバル時代にふさわしい"Multi National Mind"（国籍に拘らないマインド力）と"Sense of Balance"（バランス感覚力）の8つの力である。

混沌とした世界を生きるには、何が必要か

世界は混沌としている。2018年春、米トランプ政権が誕生して1年余が経ち、輸入品に高率の関税をかけて自国産業を守るという保護主義に走る

トランプ大統領。イスラム国の特定の国からの移民に突如規制をかけようとしたり、米国内でも戸惑いが広がり、トランプ政権の保護主義を支持する人たちとの分断と亀裂も広がる。

外交を担う国務長官、首席補佐官など、この1年余の間に解任された閣僚や政権幹部は少なくない。米国内の分断に加え、対外的には中国との貿易摩擦などが発生。対立の火ダネも多い。旧冷戦時代は同じ西側陣営にいて、何かと連携をとってきた欧州連合(EU)とも関税問題などでギクシャク。

また、そのEUではドイツのメルケル首相の政治的求心力が落ちている。それは日本の安倍晋三首相も同じことだ。

一方、旧東側のロシア、中国はそれぞれプーチン大統領、習近平・国家主席共に権力集中を行進め、ほぼ独裁制に近い形を取っている。そのプーチン、習近平の2人とも、長期視点での戦略を練る。新シルクロード経済圏構想の『一帯一路』もその一つだ。

結局、21世紀も18年目を迎えた今、日・米・欧の先進国は政権基盤が弱く、まさに岐路に立たされている。ＥＵ（欧州連合）の指導者であるドイツのメルケル首相は難民問題について国民感情が分断されていることを背景に支持率が低下。極右政党の躍進もあり、これ以上の難民急増はお断わりという主張も根強く、政治のカジ取りも難しい局面。ＥＵ自体は英国の離脱問題も抱え、ドイツ国内でのメルケル首相の求心力低下は先行きに不透明さを残している。

日本の安倍晋三首相もメルケルと並んでＧ７（先進７カ国首脳会議）の中核を担ってきたが、第２次安倍内閣がスタートして５年以上が経ち、国内基盤が弱体化し始めている。憲法改正問題、働き方改革など中長期視点で進めねばならない国全体の仕組みづくりの国会審議もスムーズに進まない。野党は「森友・加計学園問題」の追求一本ヤリという状況で与野党の歯車が噛み合わない日々が続く。政治が中長期の視点を欠き、短期視点での政治的思惑のぶつかり合いが続く。

米国もトランプ政権が誕生して１年余。米国第一主義は結果的に米国内で人々を分断させ、それを固定化させる動き。通商面では、米国第一主義が貿易相手国に高い関税をかける方向で保護主義に走りがち。中国との通商摩擦も強まり、世界経済自体を縮小させることにつながり、世界各国首脳も危機感を燃やすが、米トランプ政権に対して、今のところ有効な手が打てずじまい。

米国の保護主義政策に対して、中国・習近平国家主席は「保護主義はよくない。中国は開放政策を取る」とたびたび言明。本来ならば、自由主義、民主主義、法の支配などの価値観を大事にしてきた米国が主張しそうなことについて、社会主義国できた中国が米国の今の保護主義を喩《さと》すという図式。まさに、今、世界は混沌としている。

だからこそ、ここは各国リーダーが沈着冷静に諸課題に立ち向かわなければいけないのである。リーダーの果たすべき役割と使命は重いものなのだ。

本来、リーダーという存在は、分断・分裂を招く言動ではなく、国民を協調・共存の方向へ持っていく使命（ミッション）を持つ。

かつて、ジョン・F・ケネディは1961年1月米国大統領に就任するときに米国民に向かって演説した。

Ask not what your country can do for you,ask what you can do for your country.

「国（社会）が君たちに何ができるかを求めるのではなく、自分たちが国（社会）に対して何ができるかを考えようではないか」

このケネディの大統領就任演説は米国民のみならず、全世界の人々の胸に響いた言葉として知られる。世界の若者、青年がこの言葉に揺り動かされた。心に響く言葉である。

リーダーの考え方、振る舞いは世界の人々に多くの影響を与える。

改めて、利他主義とエンジニアリングの関係を考える

今、21世紀の現実の世界は混沌の中にある。こういうときにこそ、共存・共生の考え方が大事。日本には古来、「八百万（やおよろず）の神」という考え方が取りいれられてきた国柄。山川草木の一つひとつに神が宿るといわれ、一神教とは違う考え方をしてきた。草木の命をも大切に扱い、自然を克服するという考えではなく、自然と共生するという考え方である。

一国だけでは生きていけない時代。多くの国々と交流し、共生していくことが求められるグローバル化の時代にあって、この共存、共生していくという考え方はとても大事なこと。

重久が、『私のモットー』の中で、「利己主義ではなく、利他主義！」を挙げているのも、こうした日本の精神風土とも絡まってくるからである。

"Give, give, give and take!"（与えよ、与えよ、そして与えよ、そうすれば自分も利かされる）というフレーズは世界の隅々まで渡り歩いてきた重久の

渾身《こんしん》の訴えである。また、そうした共生を図る考えだから、世界の人たちは重久を受けいれ、一緒になって仕事をしてきたということである。

そして、"Engineering the Future!"（わたしたちの将来を、未来をエンジニアリングしていこう）。未来を実りあるものに、また豊かなものにしていく。このことがエンジニアリング事業の真骨頂であり、これは『利他の心』とも通ずる。相手の国、相手の人たちが今、どうしようとしているのか、何を欲しがっているのか、そのニーズを対話の中で読み取り、構想し、それを相手に提案していく。相手のためになることを提案し、それを自分たちの仕事にしていけば、自分たちも生かされる。

そうとなれば、『一所懸命』に生きることが不可欠。相手のために役立つこと、あるいは社会のためになることに、それこそ一所懸命に打ちこんでいく。こうした生き方は、実に世界に普遍的なものであり、どの国の人たちも認めてくれる。

今、ややもすれば、利害が対立しがちでそこに目を奪われやすい状況。こちらが自分の利だけを優先して、あたかも相手の存在を無視するかのような振る舞いに出れば、それは力の論理が先行する世の中になり、弱肉強食の世界になる。

重久が『私のモットー』に挙げている言葉は優しさに貫かれている。だが、それを実行していくとなると、実にタフな精神、強靭な精神力が要求される。生半可な気持ちで、利他主義を実践していくことはできない。それは今まで、価値観、慣習の違う世界各地で仕事をし、幾多の修羅場をくぐり抜けてきたエンジニアリングの歴史を見ればわかる。

強さと優しさ。リーダーにはこの二つが共存することが要求される。強さだけでも駄目、それは一人よがりになり、他者の排撃にもつながりかねない。また、優しさだけでも生きていけない。

作家のレイモンド・チャンドラー（Raymond Chandler）が自分の作品の中で私立探偵に言わせた言葉『人は強くなければ生きていけない、しかし、人は優しくなければ生きている資格はない』にも人々は触発される。

『利他の心』は、表現は違っても、世界の人々も同じことを考えているし、また共有できるもの。半世紀に及ぶエンジニアリング人生の中で、そのことの意味を重久は十二分に噛みしめてきた。

「わたしたち日本人は世界の人々から信頼されていますし、好かれていますよ。誠実さ、勤勉性、現地と共存していこうという姿勢。そして技術とノウハウや知識を持っていることが信頼され、尊敬される元になっている」

重久は、日本人のよさというか、日本人の強みについてこう語る。

〝Touch Japan〟（日本に触れてごらん）――。この言葉も重久がよく使うもの。相手と共生しながら、手をたずさえて、仕事に取りかかり、目標完遂に向けて共に努力していこうよと、呼びかけるときに、このフレーズはピタリと来る。

一貫して、前向きに行動し、世界中の人々と仕事をしてきた重久の〝強さと優しさ〟を象徴する〝Touch Japan〟の呼びかけである。

エピローグ

「世界は、日本に対してものすごく期待しています」――。世界を駆け巡り、各国、地域のリーダーや人々と突っ込んだ対話を積み重ねてきた重久氏の持論である。

世界中が、日本がすでに身に着けている技術や体験、そして物の考え方、思考力といったものに対して尊敬もし、また自分たちにも、それらを伝えて欲しいという思い。その思いに応えていく。そのためにも、自らは一所懸命に自分たちの技術や思考力を磨いていくことが大事という人生観である。

だからこそ「心の積極性を持って」生きていこうという重久の呼びかけとなる。「精神が健全だと身体が健全になる」というのも重久語録。もっとわかりやすく言えば「強く、明るく、元気よく、そして品もよく」という生き方、考え方である。

人と人のつながりが社会の基本であることは論を俟たない。価値観や宗教、文化、言葉が違う中で相互理解を進めるには対話が必要。その対話を成り立たせるために、まずこちらが話しかけていく、つまり「Speak Up」（語りかける力）が大事ということで重久氏の人生観、世界観は一本筋が通っている。

本稿をまとめ上げようという段になって、米トランプ政権は鉄鋼、アルミ輸入品に高関税を課す方針を打ち出した。これに欧州、中国などが反発、貿易戦争の様相を呈し始めた。混迷、混然、そして先行き不透明の中をどう生き抜くか。こういう混沌としたときだからこそ、対話が必要という重久氏の考えだ。

「世のため、人のため」という利他主義の思想はどこから生まれてきたのか——。筆者は、その原点に本文中でも触れた通り、故郷・宮崎での〝マンホール転落事故〟を挙げる。宮崎平野を悠々と流れる大淀川。普段はまさに悠然とした趣の河川であるが、大雨が降ると一変する。小学校4年時にその事故が起きた時は、台風襲来で大淀川の水嵩が増して天候も荒れていた。

友達と外に出かけ、増水した川を見ようと、とあるマンホールの開いているところで流れに身を乗り出した途端、重久少年は流されてしまった。管の中は漆黒の世界。自分が流されていく中で不安を覚え、この時は死を直感したと重久氏は振り返る。

ただ、少年ながら落ち着いていた。顔は水面上にあり、息ができるだけの空間は確保できていた。押し流されていくうち、ふと気が付いた。マンホールの蓋ごとに光が差し込み、見ると鉄はしごが一定の距離をおいてかけてある。必死になって手を差し出した。ある地点ではしごを掴み、そのはしごをよじ登った。助かったと思った。そしてその次に頭でマンホールの蓋を押し上げようとしたが、びくとも動かない。何度も繰り返すが動かない。失望に追いやられた。

しかしあきらめないで、重久氏は「助けてくれ」と叫び続けた。とにかく必死だ。しばし、その行動を繰り返していると、マンホールの上から「誰かおっとか?」(宮崎弁で「いるのか」)というおじさんの言葉が聞こえてきた。そしてマンホールの蓋が開けられ、重久少年は救われたのである。この時の原体験が、重久氏のその後のエンジニアリング人生の支えとなっているのは想像に難くない。

日本を代表するエンジニアリング会社になり、米ベクテル、米KBRなどとともに世界をリードするエンジニアリング会社に成長、発展した日揮。それまでに幾度かの辛酸、挫折もあった。その苦境を乗り切るバネとなったのがマンホール転落事故だったように筆者には思える。

子ども心にも死を覚悟させられ、それでもなお生きようと懸命に努力し続ける。その努力をたまたま自転車で通りかかった見知らぬおじさんが救ってくれたという事実。文字通り、人は助け、あるいは助けられるという関係にある。この時の体験が世界中に人の輪を築いてきた重久氏にとってエネルギーの源泉になっているのだと思う。

筆者は重久氏と同じ宮崎県出身ということもあって、重久氏の知遇を得た。「村田さんの故郷はどこ？」と聞かれて「私は県南、一番南部の串間市です。鹿児島との縁もある地域で、高校は鹿児島県立志布志高校を卒業しました」と答えると、「私の父も鹿児島の出身です」というお話。

聞けば、曾祖父の重久雄七氏は明治の世の西南の役（1878、明治10年）に西郷隆盛の薩軍の一員として参加。そして散った。桜島を望む墓地の西郷隆盛のお墓の近くには雄七氏の墓も並ぶ。人生の節目節目に重久氏は墓地を訪ね、先祖の来し方に思いを馳せる。歴史に生きるという重久氏の祖先に対する思いにも熱いものがある。

エンジニアリングという、人と人の魂を揺さぶる仕事に重久氏が打ち込んできておられるのも、南九州の歴史に源流があることとも無縁ではないのかもしれない。そういう思いを抱きながら、重久氏の挑戦人生を記述させてもらった。各界各層の人たち、特に若い世代の人に、この挑戦者魂を読み取っていただければ幸いである。

村田博文

2018年6月

重久吉弘の
「エンジニアリング一筋に」

2018年7月27日　第1版第1刷発行

著　者　村田博文
発行者　村田博文
発行所　株式会社財界研究所
［住所］〒100-0014　東京都千代田区永田町2-14-3
東急不動産赤坂ビル11階
［電話］03-3581-6771
［ファックス］03-3581-6777
［URL］http://www.zaikai.jp/

印刷・製本　凸版印刷株式会社

ISBN 978-4-87932-132-9
定価はカバーに印刷してあります。